精准扶贫理论与实践研究引论

沈鹏超◎著

燕山大学出版社
·秦皇岛·

图书在版编目（CIP）数据

精准扶贫理论与实践研究引论 / 沈鹏超著. 一秦皇岛：燕山大学出版社，2020.6（2026.1重印）

ISBN 978-7-81142-147-7

Ⅰ. ①精… Ⅱ. ①沈… Ⅲ. ①扶贫模式－研究－中国Ⅳ. ①F126

中国版本图书馆 CIP 数据核字(2020) 第 108399 号

精准扶贫理论与实践研究引论

沈鹏超　著

出 版 人：陈　玉
责任编辑：杨春茹
封面设计：刘韦希
出版发行：燕山大学出版社 YANSHAN UNIVERSITY PRESS
地　　址：河北省秦皇岛市河北大街西段 438 号
邮政编码：066004
电　　话：0335-8387555
印　　刷：廊坊市印艺阁数字科技有限公司
经　　销：全国新华书店

开　　本：700mm×1000mm　1/16　　印　　张：8.75　　字　　数：140 千字
版　　次：2020 年 6 月第 1 版　　印　　次：2026 年 1 月第 2 次印刷
书　　号：ISBN 978-7-81142-147-7
定　　价：48.00 元

目　录

第一章　贫困与反贫困

在漫长的人类文明史中，贫困作为一种社会生活中的经济现象，困扰着世界上的许多国家，是发达国家和发展中国家共同面临的一个难题，也是各国政府和学术界一直共同关注的重要领域。与人类社会的不断进步以及人类财富的急剧增加形成巨大反差的是，贫困依然存在于世界的各个角落。早在1945年，贫困问题就被写进联合国宪章，解决贫困问题刻不容缓。2016年世界银行发布的关于贫穷和共同富裕的报告中显示，截至2013年，全世界共有7亿6700万人生活在赤贫中，比上一年度的赤贫人口数减少1亿多；赤贫人口数量在世界总人口的占比从1990年的35%下降至2013年的11%。报告指出，全世界贫困人口数量的下降主要归功于亚洲地区贫困人口数量的下降，尤其是中国、印度和印度尼西亚等国家的贫困人口数量的下降。报告充分肯定了中国在扶贫方面所作的贡献，赞扬了中国的扶贫方式和方法。中国政府也表示将继续在扶贫方面下努力工作，以期为全世界的扶贫工作作出更大的贡献。

改革开放40多年来，中国特色扶贫开发道路已经帮助7亿多人成功摆脱贫困，农村贫困人口从2012年年底的9899万人减少到2019年年底的551万人，贫困发生率从10.2%下降到0.6%，连续7年每年减贫1000万人以上，区域性整体贫困基本得到解决，贫困群众“两不愁”质量水平明显提升，“三保障”突出问题总体解决，群众出行难、用电难、上学难、看病难、通信难等长期没有解决的老大难问题普遍解决，义务教育、基本医疗、住房安全有保障，贫困地区经济社会发展明显加快。2020年脱贫攻坚任务完成后，我国将提前10年实现联合国2030年可持续发展议程的减贫目标。

一、贫困认识的演进

（一）从单维贫困到多维贫困

消灭贫困一直以来都是一个世界性的课题。在对贫困理论的研究以及反贫困的实践中，贫困的定义是“一个非常难以捉摸的概念”。

早期贫困仅被界定为物质匮乏。《荀子·大略》指出：“多有之者富，少有之者贫，至无有者穷。”可见，在古人眼里，“贫”是指财物缺乏，且“穷”比“贫”的窘迫程度更深。亚当·斯密认为，个体的贫困来自于社会整体资源分配的不均等。在劳动、土地、资本三要素的分配关系中，贫困主要集中于依靠工资生活的劳动者群体或阶层，工资水平如果无法满足其生活的基本需要即陷入了贫困。英国学者西博姆·朗特里在其著作《贫困：城镇生活研究》中对英国约克市工人家庭的开支情况进行调查，认为一定的物质和服务是家庭成员的必需品，缺乏这些物品将导致无法生存，这一生存状态就是贫困。上述研究实际上都属于“绝对贫困”的范畴。

随后的研究逐渐从经济学领域向社会学领域演进，开始关注“相对贫困”的问题。英国的奥本海默在《贫困真相》一书中认为：“贫困是指物质上的、社会上的和情感上的匮乏。它意味着在食物、保暖和衣着方面的开支要少于平均水平。……贫困夺去了人们建立未来大厦——‘你的生存机会’的工具。它悄悄地夺去了人们享受生命不受疾病侵害、有体面的教育、有安全的住宅和长时间的退休生涯的机会。”英国社会学家汤森认为，贫困是一种“相对剥夺”，由于吃、住、社会活动参与等资源的不足，使贫困人群无法维持其当地社会风俗鼓励的一般生活水平，这些不足导致他们被排斥在正常的社交活动之外，这种生存境况即为贫困。汤森的贫困认识不仅限于经济学领域，还注意到了贫困的社会属性，比前人更深刻地认识到个体交往之间的贫困表现。这也解释了第二次世界大战后的福利国家仍然存在贫困的问题。这种社会关系背景下的贫困研究影响到了欧洲共同体，该组织在 1989 年的《向贫困开战的共同体特别行动计划的中期报告》一文中，认为贫困是指个体、家庭或群体因占有的物质资源、文化资源以及社会资源不足而不得不被排除在社会认可的最低限度的生活方式之外。

随着对贫困的认识从绝对贫困向相对贫困转变，认识的维度也从单维的物质匮乏向包含能力匮乏、权利剥夺、文化落后等多维的角度转变。

1981 年，阿玛蒂亚·森提出“可行能力理论”，尝试用功能、能力、自由等概念来认识贫困。他认为，一个人已经实现的福利水平可以用功能性活动来进行衡量。所谓的功能性活动，是一个人认为值得去做或所处的工作状态，可以是健康的身体、基本的居住舒适、良好的人际关系，等等。由功能派生出来的“可行能力”则可测量出一个人潜在的或未来可达的福利水平。所谓的可行能力是“实现各种可能的功能性活动的组合的实质自由”，拥有可行能力是指一个人具备了实现各种功能组合的潜力或进行选择的能力，意味着其获得了实质自由。阿玛蒂亚·森说：“我们有很强的理由用一个人所具有的可行能力，即一个人所拥有的，享受自己有理由珍视的那种生活的实质自由，来判断其个人处境。”阿玛蒂亚·森特别强调了五种重要的工具性自由，分别是政治自由、经济条件、社会机会、透明性保证和防护性保障。不同个体拥有的可行能力有程度之分，他与其后的研究者提出了“最低可承受基本能力”的概念，就是指维持最低标准的体面生活的能力，包括“免受困苦以及能够识字算数、享受政治参与等等的自由”。如果不具备这种能力，个人就处于被“剥夺”的状态，处于贫困状态。贫困的实质是人们缺乏改变现状、抵御各类风险、抓住经济机会和获取经济收益的“能力”，因此贫困不仅包括收入或消费的贫困，同时还包括健康、教育、住房及公共物品的获得等多个维度“可行能力”的缺失。世界银行认可阿玛蒂亚·森的观点，在《2000/2001 年度世界发展报告》中指出：贫困不只是指物品的不足（以适当的收入和消费概念来测算），而且包括缺乏教育资源和健康，还包括风险和面临风险时的贫困者的脆弱性，还有表达自身需求能力的缺乏，这些形式的贫困制约着贫困者的可行能力，因此，“任何减贫战略的核心内容都是拓宽穷人的能力。”

基于对多维贫困理念的认可，牛津大学成立了贫困与人类发展中心（OPHI），开发多维贫困的测量方法。联合国发展计划署的人类发展指数（HDI）从平衡人类发展的三大维度出发，以收入、教育、健康三个维度对贫困进行测量，具体指标基本涵盖了经济和社会发展的方方面面，以挑战传统的单一 GNP 指标的影响。

（二）从一般贫困到深度贫困

在30年经济高速增长带动贫困减缓的同时，自1986年起，我国实行了政府主导的大规模脱贫攻坚行动，先后经历了救济式扶贫、开发式扶贫以及自2013年开始的精准扶贫阶段。根据国务院扶贫办扶贫开发建档立卡信息系统的识别认定，2012年年底时，我国有建档立卡贫困人口9899万人。主要集中在生存环境恶劣、基础设施和公共服务缺口大的老、少、边、穷地区。主要包括：一是连片的深度贫困地区，西藏和四省藏区、南疆四地州、四川凉山、云南怒江、甘肃临夏等地区，生存环境恶劣，致贫原因复杂，基础设施和公共服务缺口大，贫困发生率普遍在20%左右；二是深度贫困县，据国务院扶贫办对全国最困难的20%的贫困县所作的分析，贫困发生率平均在23%，县均贫困人口近3万人，分布在14个省区；三是贫困村，全国12.8万个建档立卡贫困村居住着60%的贫困人口，基础设施和公共服务严重滞后，村两委班子能力普遍不强，3/4的村无合作经济组织，2/3的村无集体经济，无人管事、无人干事、无钱办事现象突出。

按扶贫主体作用于扶贫客体的方式不同，有救济式扶贫和开发式扶贫之分。开发式扶贫是指通过提供给扶贫客体缺少的技术、资金、文化等要素，使其通过自身的发展来改善生产和生活，从而从根本上摆脱贫困，也被称为“造血式扶贫”。采取开发式扶贫的主要原因是，以救济为主的“输血”式扶贫，其本质是一种外部力量的社会救助，只能缓解贫困户暂时的生活困难，却不能使他们真正摆脱贫困，许多脱贫户因为“输血”中断而再度陷入贫困状态。要彻底治愈“贫困病”，最根本的还是靠恢复贫困户自身“造血”功能，增强其生机与活力。通过采取开发式扶贫，扶贫不再是简单的“输血”，而是“造血”与“输血”相结合，并更加偏重于“造血”。开发式扶贫不同于救济式扶贫，它强调贫困地区的基础设施建设，改善生产条件，帮助寻找适配项目；在资金的使用和分配方面，不是按人头平均分配而是按项目效益分配。

2017年8月，习近平总书记在深度贫困地区脱贫攻坚座谈会上强调：“脱贫攻坚，工作进入目前阶段，要重点研究解决深度贫困问题。”客观认识并精准识别深度贫困是攻克这一难题的基础和前提。

在“多维贫困”视角下，精准识别深度贫困的基本原则有两个：一是贫困瞄准要从多维的能力维度入手；二是贫困分析要突破静态的研究思路，以动态的思路和方法区分暂时贫困和长期贫困，关注在不同时期贫困人口贫困状态的变化过程。以这两个标准，可以界定深度贫困的基本特征是“贫困程度深且长期陷于贫困状态”。“贫困程度深”指的不仅是物质匮乏，深度贫困人口在投资理财意识、教育机会、饮水卫生及健康、社会资本、社会排斥等能力指标上均落后于平均水平。“长期陷于贫困状态”指的是无力摆脱目前的匮乏处境，即使暂时脱离了贫困状态也很容易返贫，同时由于生活方式、行为规范、价值观念体系等“亚文化”的影响，贫困人群的后代极易陷于贫困，表现出明显的代际传递特征。

深度贫困人口为什么会陷入长期持久的恶性贫困循环状态而难以摆脱？为什么在我国已经进行了长期大规模扶贫行动，且经历了 2013 年开始的精准扶贫以及 2015 年、2017 年的几次“回头看”，基本得到精准帮扶的情况下贫困人口依然存在？从具体情况看，原因大致如下。

第一，没有劳动能力，“无业可扶、无力脱贫”的因病致贫与返贫现象。这种情况在剩余贫困人口中的致贫占比为 44%。虽然新型农村合作医疗、农村互助医疗和大病救助制度建立了基本的医疗保障体系，但没有实现精准化瞄准和精细化管理，降低了扶助效果。

第二，有劳动能力，但不认为自己贫困，没有脱贫的愿望；或者有脱贫愿望，但缺乏脱贫的勇气和行动（这两种表现体现在国务院扶贫办扶贫开发建档立卡信息系统中致贫原因统一标识为自身发展动力不足）。由于对待事物的认知不同，部分人群满意自给自足、自由自在的生存状态，或者由于长期生活在贫困之中，受文化习俗、思维定式和价值取向的影响，对贫困产生自适应和自我维护，缺乏走出困境的勇气和想法。这种文化属性与资源匮乏、环境恶劣等其他属性之间不一定有直接的因果联系。

第三，有劳动能力、有脱贫的愿望，但缺乏谋生技能的能力制约型贫困。由于受教育程度低，缺乏知识更新和获取的能力，或者没有接受相应的职业技能培训，贫困人群缺乏专门知识、没有专有性人力资本，无法在竞争性的经济活动中获取收益。

第四，有劳动能力，但深受环境条件制约的资源匮乏型贫困。由于生活在自然条件恶劣、环境资源匮乏的地区，形成了从属于连片贫困区、贫困县和贫困村的大规模贫困人群。生态环境脆弱、地理位置偏僻、基础设施薄弱、资源禀赋不足导致要素流动困难，生产风险加大；而封闭的环境又导致这个群体普遍缺乏市场意识和风险意识，远离现代文明，环境适应性差，移民易地搬迁等手段反而会加剧贫困，而一般性产业扶贫手段虽然能保证地区资源的资本化利用，但无论在生产还是分配环节，贫困人群实际上都被排除在外，很难有效参与。

上述分析可见，无论何种原因致贫，深度贫困人群往往没有脱离贫困的想法和勇气，缺乏脱离贫困陷阱的技能和手段。在这里，环境封闭、信息匮乏与观念落后、智力开发不足等几方面相互影响，相互制约，相互强化，导致贫困人群“缺少达到最低生活水准的能力”，处于阿玛蒂亚•森所说的可行能力的匮乏困境。

值得关注的是，学者们近期的研究表明，在现代信息技术飞速发展的大背景下，“数字鸿沟”和“知识鸿沟”的存在导致贫困人群面临着新的“技术排斥”，使多维贫困扩展到包括数字信息获取能力、供给能力以及应用能力在内的数字能力贫困。深度贫困的内涵再次出现了延伸。

二、致贫原因的剖析

我国贫困人口的致贫原因复杂多样，包括健康状况差、受教育程度低、劳动力不足、基础设施落后、自然条件恶劣以及东西部区域差异显著等。这些因素与贫困之间存在复杂的双向因果关系，受到区域发展程度的制约，是一个宏观与微观、内源与外生、时间与空间的复杂系统。因此，在讨论贫困人口的致贫原因时，不仅要关注贫困人口自身因素，也要了解区域发展、时代特征对贫困的影响。

（一）健康状况

不少学者的研究表明，因病致贫、因病返贫是导致农村居民贫困的重要原因，其中，高血压、糖尿病等慢性病的影响最大，危重病次之，地方病和意外伤害比重较低。2016 年贫困地区农村居民中，身体状况为健康的人数占 91.1%，基本健康占 5.6%，不健康但生活能自理占 2.9%，生活不能自理的占 0.4%。2016 年贫困地区农村居民中，身体存在残疾的占 3.8%，其中，肢体残疾占 1.0%，视力残疾占 0.8%，听力残疾占 0.3%。生病之后，能及时就医的比重为 96.05%。在不能及时就医的主要原因中，经济困难和距离医院太远所占比重分别为 19.9% 和 75.3%。根据全国建档立卡贫困人口信息，在贫困户中，疾病是主要的致贫原因，42.1% 的贫困户因病致贫，因残致贫的比例达到 5.8%。

因病致贫的基本逻辑是因为国家对医疗保障体系没有实现精准化瞄准和精细化管理，导致农民对医疗资源的有效需求得不到满足，结果形成了疾病与贫困的恶性循环链。因此，多层次的医疗保障链对于截断贫困循环具有重要的意义。关于因病致贫的医疗保障问题，学者们关注到了自 2003 年开始实施的新型农村合作医疗制度。大部分学者认为“新农合”不仅能够提高农村居民的健康水平，而且能有效降低农村的贫困发生率，但也存在着资金瞄准力低、补偿方案单一、报销过程手续繁杂等问题。

（二）受教育程度

20 世纪 50 年代，奥斯卡・刘易斯在其《五个家庭：墨西哥贫穷文化案例研究》及其后的《桑切斯的孩子们》中阐释了“贫困文化论”，解释了贫困的“亚文化”如何导致贫困的代际传递。他认为，贫穷文化具有一些超越宗教、城乡，甚至国家界限的共性，在伦敦、格拉斯哥、巴黎、哈莱姆和墨西哥城的底层居民聚居区，人们的家庭结构、人际关系、时间取向、价值观念、消费模式和社区观念方面存在极大的相似性，这些共同的特性决定了一些贫困人口的经济特征和社会心理特征。贫困文化的经济特征包括失业或不充分就业、劳动报酬偏低、经常性现金短缺、借高利贷、邻里间自发（轮流）组织非正式信贷体系等；社会和心理学特征包括生活区域拥挤、集群性高、酗酒频率高、解决纠纷经常诉诸暴力、过早涉性、以母亲为中心的家庭模式、专断倾向强烈，以及极强的现时观念——不愿推迟享受喜悦和谋划未来、基于艰难生活环境的顺天应命思想、相信男权（甚至将之升华为男权迷信或男权迷恋），以及与之对应的女性殉道观念、对各类精神异常状况的高度容忍，等等。

奥斯卡·刘易斯开创了从文化差异研究贫困的新视角。学者们认可反贫困制度创新和组织重建与贫困人群既有的文化模式的相关性，尤其是民族贫困地区的扶贫与民族地区文化贫困问题息息相关。

文化致贫的主要方面是教育要素缺乏导致贫困。对于贫困地区来说，因为文化往往影响着经济运行的规则、经济发展的理念和模式以及经济利益的分配，所以其特有的文化传统、文化体制、文化形态以及文化环境，犹如一副“沉重的翅膀”，抑制着地区经济的起飞。民族地区的贫困与文化息息相关，政治文化、民族文化、宗教文化和生态文化对精准扶贫产生了阻碍作用。

对于文化角度的反贫困策略，大部分学者认为，提高农户受教育水平确实能在很大程度上降低其陷入贫困的概率。其基本逻辑是教育具有生产能力和配置能力，提高教育水平可以促进经济增长进而减少贫困。具体到教育结构上，学者们发现，义务教育对减少绝对贫困意义重大，中等教育对西部城乡减贫的意义更为显著。当然也有学者的研究表明，健康对农村减贫的作用比教育更为显著。

根据2015年国务院扶贫办建档立卡贫困人口信息系统中关于致贫原因的统计，35.5%的贫困户因缺资金致贫，22.4%的贫困户因缺技术致贫。从文化程度看，文盲或半文盲占14.8%，小学文化程度占39.9%，初中文化程度占37.3%，高中文化程度占5.7%，大专以上文化程度占2.3%，整体上明显低于全国农村人口文化程度。贫困地区教育资源匮乏，教育成本高。2016年统计数据显示，贫困地区儿童在义务教育阶段，有12%的学生上学花费时间在半小时以上。学前教育和基础教育设施不足制约了贫困人口接受教育。

教育成本偏高，尤其是寄宿制学生生活费问题严重制约了贫困人口接受正规教育。2001年，国务院发布的《关于基础教育改革与发展的决定》提出，要“因地制宜调整农村义务教育学校布局”，“农村小学和教学点要在方便学生就近入学的前提下适当合并”，由此，我国农村地区“撤点并校”广泛开展。在我国农村人口，尤其是学龄儿童人数不断减少的前提下，撤点并校有利于教育资源整合，降低财政成本。但与此同时，部分贫困地区，尤其是地理位置偏远、人口数量少的贫困村，撤点并校后，各个乡镇建设大量寄宿制学校，对于偏远地区的学生，住校成为唯一的选择。虽然我国义务教育阶段实行“两免一补”政策，但住校导致的高额交通费和生活费甚至是低龄儿童家长陪读等相关支出，给贫困家庭的孩子接受教育带来巨大障碍。

（三）劳动力情况

贫困地区家庭劳动力不足，导致生计困难。2015 年贫困地区农村常住劳动力占全部常住成员的比重为 66.1%，较 2012 年下降 3.2 个百分点，劳动力比重下降是人口老龄化和农村外出人口比重不断提高共同作用的结果。在建档立卡贫困户中，缺少劳动力致贫占比 16.8%。劳动力不足的主要原因是农村老龄化严重、家庭成员患病残疾比例较高。我国农村有结婚分家的传统，一旦子女成婚，往往与老年人分户生活。随着老年人年龄增长，家庭自然出现劳动力不足、生计难以维持的状况。部分地区老年人与家中长子共同生活，家庭规模缩小，劳动力有限，一旦家庭成员中一人生病，整个家庭都会陷入劳动力不足、发展能力受限的贫困陷阱当中。农村体力劳动繁重、保健意识不足、医疗条件有限使得大量家庭成员患病，大大限制了贫困户的发展。

除劳动力数量不足，贫困地区还面临着劳动力质量较低的困境。2016 年贫困地区劳动力人口中，不识字或识字不多占 8.0%，小学文化程度占 34.4%，初中文化程度占46.2%，高中文化程度占8.6%，大专及以上文化程度占2.8%。不同产业劳动力中，文化程度分布也不同。在第一产业劳动力人口中，不识字或识字不多所占比重为10.3%，比第二产业、第三产业分别高7.5%和7.8%。在第二产业劳动力人口中，高中及以上文化程度所占比重为 25.5%，比第一产业、第三产业分别高 18.3% 和 13.9%。2016 年，受过非农技能培训的劳动力占全部劳动力人口的比重仅为 13.6%。

（四）基础设施状况

我国贫困地区普遍面临基础设施条件差的问题，主要反映在家庭住房质量差、自然村通达率低、乡镇基础设施有限等方面。基础设施条件决定了农户的信息可及性、产品销售成本、生产成本等经济指标，同时还与农户家庭生活水平、精神文化生活状态等息息相关。因此，贫困地区基础设施状况与贫困人口的福利紧密相关。

2016 年贫困地区农村居民户均住房面积为 137.3 平方米。居住在钢筋混凝土房或砖混材料房的农户比重为 57.1%，比全国农村平均水平低 7.3 个百分点；居住竹草土坯房的农户比重为 4.5%。2016 年，贫困地区农户中，住宅外道路为水泥或柏油路面的比重为 56.9%，为沙石或石板等硬质路面的比重为 20.25%，为其他路面的占 22.9%。2016 年贫困地区住宅外道路硬化的农户比重为 77.1%，比全国农村平均水平低 8.3 个百分点。

从自然村通达状况看，截至 2016 年，贫困地区通电的自然村基本实现全覆盖；所在自然村通电话、有线电视信号、通宽带网络的农户比重分别达到 99.9%、94.2% 和 79.8%；自然村主干道路面硬化处理的农户比重 96.0%，通公共交通的比重为 63.9%。从整体看，我国贫困地区自然村道路状况在逐步改善，但仍存在道路状况不佳的情况，交通运力有限。这一状况使得贫困地区信息通达程度下降，加大了农产品销售的交易成本，提高了农资运入的运输费用。同时，在生活方面，由于道路状况不佳，农户就医、上学的成本增加，使得需要常年往返医院的家庭或住校的学生生活成本提高，在一定程度上加剧了贫困状况。

（五）环境状况

一些学者认为，贫困与环境存在相互依赖与相互强化的螺旋式下降过程，这一现象被称为“贫困陷讲”。“贫困陷阱”在欠发达地区更加严重，其基本的影响机制是：大部分贫困地区处于生态环境脆弱、地理位置偏僻、基础设施薄弱、资源短缺或禀赋不足的区域，而贫困家庭对自然资源与环境的依赖性更大，抵御环境变化的能力较差。因此，一旦环境出现恶化，必然会导致贫困的发生或者贫困程度的加剧，贫困地区因灾致贫是不可忽视的重要事实。

严重的气候变化会导致自然灾害，自然灾害在一定程度上破坏公共服务设施、经济基础设施，影响区域发展环境，让扶贫的投入和扶贫效果大打折扣。根据《中国农村贫困监测报告 2016》公布的数据，2015 年贫困地区 62.1% 的村经历了自然灾害，主要以旱灾、水灾、植物病虫害为主，分别占 27.6%、15.5% 和 37.9%；另有 37.9% 的村没有经历灾害。湖北恩施作为 14 个集体连片特困区之一，2016年强降雨引发的地质灾害是导致“因灾致贫，因灾返贫”现象发生的重要原因；旱灾是内蒙古自治区锡林郭勒盟的主要灾害类型，占到全部灾害比例的77.7%。建档立卡贫困人口中，因灾致贫的比例达到5.8%。

地形地貌不利于生产发展，同样成为贫困成因之一。我国幅员辽阔，山地多，平地少，山地、高原、丘陵的面积约占土地总面积的69%，大量贫困人口分布在山大沟深的山区，依山势而坐落的自然村中。基础设施建设极为落后，成本极高，损耗大，且后期不易维护。

（六）区域差异

致贫因素在区域之间存在明显的差异，东部地区贫困人口致贫原因主要为人力资本因素，因病因残致贫、缺劳力致贫的比例在东部地区最高，58.1%农户存在因病致贫的现象，远高于西部地区的28.9%。这与东部贫困人口中老年人、没有劳动能力的人和文化程度低的人口比例高是一致的。西部地区致贫因素更加复杂和多样化，既有地理、生态和自然资源的因素，也有经济和社会发展不足的影响，还有家庭人力资本不足的限制。西部44.9%的农户存在缺资金致贫的现象，此外，缺技术、缺土地、缺水、因灾、因学、交通条件落后等因素致贫的比例在西部地区都是最高的。中部地区因病致贫和缺资金致贫的问题最为突出，分别为51.6%和28.9%。东、中、西部地区的贫困村在饮水和通电等基本生产生活条件方面差距也比较大。西部和中部地区分别有27.8%和23%的农户没有实现安全饮水，22.9%和13.1%的农户饮水困难；西部地区仍然有2.6%的贫困村没有通生活用电，10.3%的贫困村没有通生产用电，有6.5%的农户未通生活用电，16.3%的农户居于危房，这些指标都远远落后于中部和东部地区。

三、反贫困理论与“共同富裕”

（一）马克思主义反贫困理论

马克思主义反贫困理论是对贫困问题现象和本质、解决贫困问题的方法和途径作出阐释的学说，它主要论述了两个方面：贫困的根源，即社会制度决定论；如何反贫困的途径，即消灭剥削制度论。马克思在其著作《1844年经济学哲学手稿》和1867年出版的《资本论》中，根据当时社会发展的情形，从私有制制度、劳动异化以及资本主义私有制等方面深入阐述了这时期资本主义社会的贫困产生的根源。从社会制度层次上分析，在西方资本主义国家，资本家为了获取利益，就用剩余价值中的一部分转化为资本，扩大资本再生产，使得购买机器数量增多，而对工人的需求大大减少，机器的广泛使用使得大量工人失业。而工人本身在创造剩余价值的同时，帮助资本家完成资本积累，也使得他们本身的价值降低，出现相对人口过剩的现象。失业率上升、贫困人口增多，逐渐形成恶性循环。在资本主义社会的制度下，资产阶级把工人的剩余价值无偿占尽，资本家实际上购买的是工人的劳动力，使得无产阶级处于贫困的境地。

在《资本论》中，马克思提出在这种社会主义制度下，无产阶级的贫困不仅仅包括物质方面，还有精神方面的贫困。只有改变这种制度，走社会主义道路，发展生产力，实现人的自由而全面的发展，才能实现真正的公平与正义。人民群众是历史的创造者，应充分发挥人民群众的力量，依靠人的全面自由发展来反贫困。从消灭剥削、消除社会贫困的角度出发，马克思及恩格斯构建了科学社会主义理论，对未来社会人类共同富裕及人的全面发展进行了系统论述。在《共产党宣言》里，马克思和恩格斯认为，共产主义制度的基本特征是消灭资本主义私有制，消灭剥削，建立生产资料公有制。城乡对立和阶级对立的情况在共产主义社会都将消失，人将得到全面发展，进而促进生产力的发展。马克思论述的上述两种理论不仅丰富了中国特色社会主义思想，在贫困产生的根源以及如何消除贫困方面起到了巨大的支撑作用，使我们能够更精确地把握问题的根源，而且在减贫方面也具有重要的理论借鉴意义。

随着这一理论的不断深入发展，在具体实践中，根据中国的实际，我党的领导集体不断创新，把马克思主义的反贫困理论中国化，上升到国家战略的高度，走符合中国国情的扶贫道路。新中国成立后，毛泽东领导中国人民进行社会主义革命，建立了社会主义制度，使得反贫困有了制度保障，贫困有了初步的缓解；党的十一届三中全会后，邓小平同志领导中国人民进行改革开放，极大解放和发展了社会生产力，人民温饱问题基本解决，反贫困得到进一步发展；江泽民同志把反贫困提升到了国家战略的层面，把反贫困作为一项国家的重大事件来对待，反贫困理论在实践中进一步升华；胡锦涛同志以科学发展观的理念对反贫困进行了深化，以人为本，用可持续的理念，促进城乡经济以及生态等方面的全面发展；习近平总书记的扶贫开发思想是对马克思主义反贫困理论的充实和发展，精准扶贫创新了反贫困的实施路径，提供了有效消除贫困的手段，不断丰富马克思主义反贫困理论中国化。

（二）中国特色社会主义“共同富裕”理论

共同富裕，是全体人民通过辛勤劳动和相互帮助最终达到丰衣足食的生活水平，也就是消除两极分化和贫穷基础上的普遍富裕。邓小平从生产力和生产关系的角度揭示社会主义的本质时，把解放和发展生产力、消除两极分化的最终结果归结为“最终达到共同富裕”。我国是社会主义国家，实现共同富裕是社会主义的本质要求，但邓小平也强调，一部分地区、一部分人可以先富起来，带动和帮助其他地区、其他的人，逐步达到共同富裕。富裕地区带动不富裕地区共同发展，是部分到整体的逐步发展，这是实现共同富裕的新路径，主旨是扭转我国当时贫富差距不断扩大的趋势，防止出现两极分化。2007 年，党的十七大提出到 2020 年实现全面建设小康社会的宏伟目标，江泽民指出：“要发挥党和社会主义制度的政治优势，把政府扶贫和全社会扶贫结合起来，这应当作为今后扶贫工作的一条重要方针”，这一时期对扶贫事业的探索重心从理论阐述转向实践目标。2013 年，习近平总书记提出“精准扶贫”理念，这是针对以往粗放式扶贫的一种改变，是符合我国当前实际的效益高的扶贫方式。

习近平指出：“到 2020 年全面建成小康社会，自然要包括农村的全面小康，也必须包括革命老区、贫困地区的全面小康”，“没有农村的全面小康和欠发达地区的全面小康，就没有全国的全面小康”。发展是造福人民的发展，我们追求的富裕是全体人民的共同富裕，但仍然存在着很多贫困人口和贫困地区，这与我国的社会主义性质还不相符，与人民群众追求的幸福美好生活还存在一定的差距。精准扶贫时期“共同富裕”的内涵发展为贫困群众“一个都不能少，一个都不能掉队”。共同富裕内涵逐渐丰富，惠民范围逐渐普及，从最初的“让一部分人先富起来，先富带后富，实现共同富裕”，到现在“全面建成小康社会”“一个都不能少，一个都不能掉队”，让贫困人口和贫困地区一同进入全面小康，着力消除贫困，着力缩小收入差距，促进教育公平，增强医疗服务，改善民生，真正实现了从“部分富裕”向“共同富裕”的过渡和转变。

第二章　我国扶贫的发展历程

贫困作为一种经济社会现象，嵌入经济社会发展的过程中，是我国社会经济发展进程中无法回避的重大问题。随着改革开放的深入发展，我国进入了一个经济、社会发展的逆袭时代，一改以往贫穷、落后的面貌，以一个全新的形象展现在世界面前。在 40 多年的发展中，中国人的生活产生了巨大的转变，生活水平和生活质量产生了质的飞跃，这也使农村居民的生活质量和生活方式产生了翻天覆地的变化。很多农民也因此褪去了贫困的“外衣”，穿上了社会主义富裕的“新衣”，农民的幸福感有了很大的提升。但是在发展之余，我们还应该看到我国的经济发展还存在着贫富分布不均、东西部经济发展步调不一致、城乡发展差距过大等问题，甚至还有很多农村居民生活在国家的低保标准线之下。因此，在经济迅猛发展的今天，在经济发展新常态的时代大背景下，如何使贫困人口脱贫致富是我国经济稳步发展的重要命题，也是构建社会主义和谐社会亟待解决的重要问题之一。

中国是一个发展中国家，同时也是一个人口大国和农业大国，占人口总数 50% 的人居住于行政村，受村级单位的直接领导，所以扶贫工作也常常被看成村级单位的重点工作之一，很多政府甚至将扶贫工作作为一个地区官员政绩考核的重要内容之一。纵观我国自改革开放以来的扶贫工作，虽然取得了一定的成效，帮助部分贫困人群过上了小康的生活，但粗放式的扶贫方式并没有从根本上使贫困人口真正走出困境，因病致贫、因残致贫、重新返贫现象屡见不鲜，很多居民挣扎在温饱线上。

我国政府实行的是政府主导的以促进贫困人口集中区域自我发展能力的提高和推动区域经济发展来实现稳定减缓和消除贫困的战略伴随着宏观经济

体制和发展战略的变化，扶贫开发经历了制度不断变革、政策不断改革、方式不断创新的漫长历程，我国政府根据不同发展阶段及贫困人口特征，确定了不同的减贫目标和任务，在宏观的发展格局中确定扶贫的地位、以宏观发展制度的建立和完善来选择和确定扶贫制度创新和完善的方向以及应对贫困的政策目标，从保障贫困群体生存拓展到降低致贫风险，并强调帮助有一定劳动能力的弱势群体发挥自身潜力和赢得发展机会。贫困的演变一般会经历极端贫困、一般贫困和相对贫困三个阶段。极端贫困是指贫困人口不能满足基本生存需要，生活甚至不得温饱；一般贫困是指贫困人口虽然解决了温饱，但无力满足基本的非食品需要，缺乏自身发展能力，无力真正摆脱贫困；相对贫困是指收入能基本满足生活需要，但相对于高收入阶层他们还是贫困的。我国的减贫目标大致可以分成三个层次：一是要解决贫困人口的生存问题；二是要为贫困人口创造基本的生产、生活条件；三是要培养和增强贫困人口摆脱贫困、独立发展的能力。我国的扶贫政策体系大致可以分为三个组成部分：救济性政策、预防性政策和开发性政策。救济性政策一般指当贫困确实发生时，给予贫困人口物质和金钱的援助，努力减少其负面影响和损害的各项政策；预防性政策一般指通过提前干预来防止贫困发生或降低贫困发生概率的各项政策；开发性政策一般指消除贫困者的脱贫障碍，增加其自我积累和发展能力，拓展其脱贫机会的各项政策。根据相应的帮扶政策因户制宜实施帮扶：对丧失劳动能力的贫困人口给予相应的救济、救助，实现政策“兜底”；对遭受自然灾害冲击的贫困人口，给予及时救济，并为其灾后重建与发展提供帮助；对因病、因学等生活负担沉重的贫困家庭，在给予适当补助、保证其基本生存生活需要的同时，着力降低其风险和脆弱性，逐步培养其自我发展能力；对大部分具有劳动能力的贫困人口，通过多种形式的开发式扶贫措施，提高其自我发展能力。

我国扶贫政策演变可以划分成几个明显的阶段，各个阶段均根据国民经济发展水平和国家财力状况确定国家扶贫标准，根据贫困人口分布状况适时确定并调整国家扶持的重点区域，制定相应的国家扶贫规划政策和具体实施行动，寻求既定扶贫成本下最大的减贫效果或既定减贫目标下的最小成本的扶贫方式，在国家财政能力可以承受和行政能力可以执行的条件下尝试瞄准真正的贫困人口，做到扶贫资源有效传递到真正的贫困人口中，扶贫政策具有明显的阶段性特征。

一、1949—1978 年：以保障生存为根本

1949 年新中国成立时，国民经济处于崩溃的边缘。我国政府根据当时国际和国内的政治经济环境，选择了通过行政管理手段对社会资源进行配置的计划经济体制和优先发展重工业的战略。一方面建立了具有相当实力的国营经济，另一方面对农业、手工业和资本主义工商业进行了社会主义改造。1950 年开始的土地改革，重新分配了大约占全国耕地面积 43% 的土地、地主乡绅的牲畜以及他们绝大部分的生产生活资料给贫穷或无地的农民，以保证“耕者有其田”。1953 年开始的农业生产合作化运动，提出要在几年内全国普及农业生产合作社，到 1956 年年底，全国 90% 的农户参加了将土地和生产资料的所有权由私有变为集体所有，实行集体劳动、按劳分配和积累归公的高级合作社。随着国家对农业进行社会主义改造，建立和普及高级合作社，彻底切断了产生贫富差距或两极分化的经济根源，避免了更多的农民因失去土地而陷入贫困。国民经济的快速恢复，使全国农村居民收入状况有了一定的改善。但由于总体经济发展水平较低，加上国家通过动员大量的农村剩余劳动力来支持重工业的发展，全国很大比例的农村居民还没有摆脱贫困状态。

在 1958—1978 年国民经济曲折发展的过程中，与农业、农村和农民密切相关的是人民公社体制。其目的是在生产力水平不高的基础上建立一个人人经济平等的社会体系，推动农业快速发展，为全国各条战线特别是工业“大跃进”奠定坚实基础，以支持国家的工业发展计划。在低收入水平的情况下，人民公社通过实行土地和生产资料集体所有制以及按劳分配的平均分配制度，在公共积累基础上发展农村公共事业，建立以集体经济为依托的社会保障制度，给农民带来了好处，人民公社成为农民福利的依靠。通过建立全国性农村信用合作社网络，改善了农村金融服务。在教育方面，全国农村基本形成了生产队办小学、公社办中学、“区委会”办高中的农村教育格局，创造了“政府补贴 + 公社公共经费分担”的全民办教育模式。在医疗方面，全国农

村首次建立了以集体经济为基础，以集体与个人相结合、互助互济的合作医疗体制，并形成了公社设立卫生院、生产大队设立医疗站的农村医疗卫生网。在社会保障方面，全国农村创建了以人民公社集体经济为依托的社会保障制度，主要包括农村五保供养制度、储备粮制度等。但在这一时期，优先发展重工业的战略并没有改变，国家通过财政税收、储蓄和统购统销等途径从农业获取了大量剩余收入来支持工业发展，在一定程度上牺牲了农民利益。人民公社体制和各种经营制度使经营管理过于集中，收入分配过于平均，严重压抑和挫伤了农民的劳动积极性，导致农业生产效益低下，停滞不前，有相当比例的农村居民处于吃不饱的状态。

总的说来，这一阶段基于“贫困致因主要在于所有制”的认知，贫困治理主要围绕“所有制改造”展开，从变革生产关系入手，废除生产资料私有制，建立农村集体经济，试图消除贫困的制度根源。坚持“集体与群众生产自救基础上国家提供必要救济”的原则，政府通过组织一个集体主义体制为人们提供福利保障，缓解贫困人口的生存危机，并依托全国范围的民政救济系统，对农村各种困难群体展开实物生活救济。这一阶段扶贫政策的一个明显的特点是临界生存推动的道义性救济式扶贫政策，救济形式单一、分散，主要以政府提供的社会救济、自然灾害救济、优抚安置的实物性生活救济为主。所谓救济式扶贫，就是中央政府通过向贫困地区调拨粮食、衣物等救济物品及财政补贴，以维持贫困地区人民最低程度的生活水准，也被称为“输血”式扶贫。国家调拨给贫困地区的救济物品和财政补贴，并没有转化为当地居民实现自主发展、自我“造血”的能力，反而助长了贫困地区和贫困人口“等、靠、要”的依赖心理与行为。

这一时期，国家建立起一个以集体为单位的社会网络，在低水平上保证了农民的基本生存需要，集体生产组织内部的调剂功能部分地承担了减灾救灾的保障作用，使大多数人口免于饥馑，全国根本性的贫困问题得到了较大程度的缓解。在政府财政能力一般、全国居民整体收入和福利水平很低、收入差距较小且绝对贫困所占比例很高的情况下，这一扶贫战略是当时的最优选择。但由于计划经济体制的低效率和“大跃进”“文化大革命”等战略性的失误，尽管国民经济和各项社会事业取得了较大的发展，现代工业体系已经初步形成，但通过统购统销和压低农产品价格的方式从农业和农村征税来支持工业和城市的发展，挫伤了农民生产积极性，广大居民（特别是农村居民）的生活水平普遍低下，数亿人口仍生活在绝对贫困线以下。由于集体制体系起到相当大的保障作用，虽然农民的生产生活资料短缺，存在大规模的贫困，但基本上消除了农村内部的贫富分化，社会总体的不平等程度较低。

二、1979—1985 年：以体制改革为手段

根据国家统计局发布的《中国农村贫困监测报告》可以估算出，1978 年我国贫困发生率为 30.7%，贫困人口规模为 2.5 亿。导致这一时期大面积贫困的主要原因是农业经营体制不适应生产力发展的需要。1978 年年底，党的十一届三中全会对新中国成立以来经济和社会发展的经验和教训进行了总结和反思。从这一时期开始，国家开始调整国民经济结构，对农村经济体制进行了一系列的重大改革，并将对外开放确定为一项长期的基本国策。

针对人民公社体制造成的生产积极性不高、土地产出率低的现象，这一时期缓解贫困的主要途径是制度变革，主要通过土地制度、市场制度、就业制度等体制改革来缓解贫困，使大批长期得不到温饱的农民摆脱了贫困。从农业政策改革来看，首先是建立了“交够国家的，留足集体的，剩下的都是自己的”的自主经营、自负盈亏的家庭联产承包责任制，将土地承包给农户，由农户自主耕种。人民公社的“政社合一”的体制瓦解，家庭联产承包责任制替代了人民公社“三级所有、队为基础”的体制和集体生产、统一核算的经营制度以及平均主义的分配制度，极大地激发了农民的劳动热情，从而极大地解放了生产力，提高了土地产出率。其次，为了进一步调动农民的生产积极性，发展农业生产，国家大幅度提高粮棉等主要农副产品的收购价格，使得农民普遍受益。再次，在提高价格的同时，国家对购销体制和农产品流通体制也进行了初步改革，减少了统购派购品种，扩大议购议销产品范围。最后，政府积极引导农民开展农业的多种经营，改变以往农业结构比例失调和生产效率低下的局面。

这一时期，针对经济发展明显落后、贫困人口较为集中的地区，中央

政府及其有关部门实施了一系列的帮助贫困地区和贫困人口的政策措施，由生存救助为主的无偿救济开始转向生产帮助为主兼有部分有偿救济的扶贫政策。根据这一时期贫困人口的分布特征，国家确定了以县为单位的扶贫开发瞄准机制，在全国范围内开展扶贫开发工作重点县的专项扶贫工作。如1980年，设立“支援经济不发达地区发展资金”，用于专门扶贫包括革命老区和民族自治县在内的贫困地区。1983年，中央政府开始组织实施以“三西”地区农业建设为主要内容的区域性扶贫开发计划，对甘肃“两西”（以定西为代表的中部干旱地区和河西走廊地区）和宁夏回族自治区的西海固地区的47个县进行区域综合性扶贫开发，每年投入2亿元“三西”农业建设专项补助资金。1984年，《中共中央国务院关于帮助贫困地区尽快改变面貌的通知》提出，要帮助山区、少数民族聚居地区和革命老根据地、边远地区的人民首先摆脱贫困，为其提供必要财政支持，充分利用当地资源，发展商品生产，增强本地区经济的内部活力。1984年还专门设立以工代赈资金，解决贫困地区基础设施严重不足的问题。这些政策的实施不仅直接促进了部分极端贫困地区的经济发展和生产生活条件的改善，也为后来实施大规模的农村扶贫开发计划积累了经验。1980—1984年，中央累计投入财政专项扶贫资金44亿元。

改革开放之前的积累为改革开放以后农业乃至整个国民经济的发展提供了相当雄厚的社会和物质条件，国家虽然没有专门的大规模的扶贫计划，但通过放松管制，促进了市场化进程，扶贫的治理和经济发展的治理效应相叠加。家庭联产承包责任制为主的农村体制改革，激发了农民的劳动热情，解放了生产力，提高了资源利用率和土地产出率，农业的发展使贫困农民得以迅速脱贫致富。1979—1985年是农村贫困状况得到快速缓解的时期，也是农民收入增长最快的时期。随着收入的普遍增长，伴随的是贫困人口明显减少，大大缓解了农村的贫困问题。不管是根据世界银行标准还是国家标准，这一时期贫困人口大规模下降，贫困发生率显著降低。

三、1986—2000年：以解决温饱为初衷

在全国范围实施的以家庭联产承包责任制和价格调整为主要内容的农村

经济体制改革，极大地提高了农民生产积极性，促进了农村经济快速增长，农村贫困人口大幅减少。与此同时，20世纪80年代中期，我国农村少数地区由于经济、社会、历史、自然、地理等方面的制约，与其他地区特别是东部沿海发达地区的差距逐渐扩大，低收入人口中大部分人经济收入不能维持其生存的基本需要。1985年，中国仍然还有1.25亿农村贫困人口没有解决温饱问题，这些人口主要分布在东、中、西部18个贫困地区，尤其是革命老区、少数民族地区、边远地区和欠发达地区。农村改革的渗出效应开始下降，农民收入的增幅放缓，农村的收入差距开始迅速扩大，部分地区贫困问题凸显。贫困问题从普遍性模式逐渐向分层、分块演化，区域间发展不均衡问题加重，仅靠整体性的制度变革和全面经济增长很难在缓解贫困方面有更大的作为。与此同时，随着集体生产组织的解散，市场化过程中由自然风险和市场不确定性所造成的贫困问题也逐渐显现出来，需要相应的公共援助等帮扶措施来解决。

为解决这些特殊贫困区域的贫困与发展问题，我国政府在继续对农村和贫困地区实施以往那些有利于经济、社会发展政策措施的同时，在充分调查研究的基础上，将扶贫开发工作纳入了国民经济和社会发展的整体布局。自1986年起采取了一系列重大措施，成立了专门扶贫工作机构——国务院贫困地区经济开发领导小组（1993年改称“国务院扶贫开发领导小组”），安排专项资金，制定专门的优惠政策，并对传统的救济式扶贫进行彻底改革，确定了开发式扶贫方针，扶贫政策由“输血”转变为“造血”，由救济转变为开发，目的在于提高贫困人口的劳动能力。自此，扶贫开发有了坚强的组织保障，我国政府在全国范围内开展了有计划、有组织的大规模开发式扶贫，扶贫工作走上了制度化、体系化、规范化轨道，扶贫工作进入了一个新的历史时期。国家确定了扶贫开发的瞄准单元，依托其计划和财政权力通过划定贫困县和设置贫困线对贫困地区和贫困户进行瞄准，通过国家财政扶贫资金、以工代赈和贴息贷款三种资源传导方式对瞄准的区域和农户进行优先投入。尽管贫困地区低收入人口和绝对贫困人口加在一起规模依然庞大，分布相对集中，但在扶贫资源比较有限的情况下，我国政府只能以绝对贫困人口为扶贫工作的主要对象。同年，依据农村人均年收入和县级单位的财政状况，第一次划出国定贫困县标准：1985 年人均纯收入低于 150 元的县和人均纯收入低于 200 元的少数民族自治县，对民主革命时期作出过重大贡献的老区县放宽到 300 元。

这一阶段的贫困呈现“大分散，大集中”特征，采用以区域发展为基础的开发式扶贫战略本质上是一种促进贫困人口集中区域的经济发展来实现稳定减缓贫困目标的区域优先扶贫战略。开发式扶贫作为国家整体性经济发展和工业化进程的重要组成部分，是在资金缺乏而又需要解决大量贫困人口脱贫问题的两难状况下做出的选择。因此，这一时期扶贫项目的一个特点是通过短期行为解决眼前困难，彻底性的扶贫项目少，因为在资金量较少的情况下以区域作为政策和工作单元决定了开发式扶贫不能覆盖到全部人口，有限的财力决定了无法采用普惠式收入转移形式（社会保障）来进行扶贫，也不能完全依靠经济的“滴漏效应”让数量庞大的贫困人口受益。根据既定的扶贫长期规划，扶贫项目和投资以促进贫困地区的发展为主要目的，以解决农村贫困人口温饱问题为主要目标，以改变贫困地区经济文化落后状况为重点的大规模扶贫开发政策在不断落实。1985—1993 年，中央累计投入财政专项扶贫资金 189.8 亿元。到 1993 年左右，中央发现如果不采取特殊行动，既定的 20 世纪末解决农村温饱问题的任务可能完成不了。绝对贫困人口由集中分布向插花式零散分布的转变，促使我国政府逐渐改变贫困瞄准的方式，从区域瞄准、县级瞄准变为村级瞄准、到村到户，以便集中有限的资源帮助最困难的绝对贫困人口。这种瞄准方式将分布在绝对贫困人口周围的大量低收入人口排除在外，尽管这些低收入人口的生活水平依然很低，且面临着返贫的巨大风险。1994 年 2 月 28 日至 3 月 3 日国务院召开第一次全国扶贫开发工作会议，并于 4 月 15 日公布了我国扶贫史上第一个有明确的目标、对象、措施和期限的全国开发扶贫工作的纲领性文件《国家八七扶贫攻坚计划（1994—2000 年）》。根据“四进七出”标准[①]，列入国家重点扶持的贫困县共有 592 个，占全国县级单位的 27%，云南、陕西、贵州、四川、甘肃省的贫困县均

① “四进七出”标准：凡是 1992 年人均纯收入低于 400 元的县全部纳入国家贫困县扶持范围，凡是高于 700 元的原国定贫困县一律退出。

在40个以上。1994—2000年，中央累计投入财政专项扶贫资金约465.95亿元，“八七计划”确定的目标基本实现[①]。除部分丧失劳动能力的残疾人和居住在不具备基本生产生活条件地区的特困人口外，基本解决了我国农村大多数贫困人口的温饱问题。这标志着在绝对贫困和相对贫困的二元结构中，贫困问题从普遍性、区域性、绝对性向点、片、线分布和相对贫困演变，相对贫困人口已占据了我国贫困人口的主体地位。

这一时期，扶贫政策曾经发生过一次战略性的转移，成为扶贫前进道路上的曲折探索。1986年年初，贫困地区经济开发领导小组基于贫困的根源是贫困户的资金供给不足的理论假设，制定了扶贫资金投向主要瞄准贫困户的政策。据1987年一项官方统计，扶贫计划实施的第一年，92%的政府贴息贷款直接或间接地瞄准了贫困户。从20世纪90年代初期开始，扶贫贷款转向瞄准乡镇企业或县办企业等经济实体。这一扶贫政策的转变，因贷款与贫困人口缺乏直接的联系，不但没有达到扶贫预定的目标，反而出现了部分本已脱贫户的返贫现象。由于这一战略转变所带来的负效应，1996年9月召开的扶贫开发工作会议再一次将扶贫资金瞄准贫困户，贫困瞄准走回了正确的轨道上。同年对东西部协作扶贫作出了具体的部署，要求东部13省（市、区）与西部10省（市、区）相对接，实施对口帮扶。

总的来看，我国的扶贫开发工作经历了深刻的变化，扶贫工作从一般的社会救助事业中脱离出来，成为相对独立、有组织有计划的社会工程。扶贫政策由道义性扶贫向制度性、专项性扶贫转变，由救济式扶贫向开发式扶贫、发展型援助转变，由扶持贫困地区（主要是贫困县）向扶持贫困村、贫困户（主要是贫困人口）转变，扶贫资金的使用由分散平均向重点集中转变，在扶贫资源的传导上，由单纯由财政渠道拨款救济、资金无偿使用转变为以财政支付和银行贷款相结合、无偿与有偿相结合的扶贫资金投资方式。扶贫主体由单一政府模式向政府主导下的多元化、开放式扶贫转变。扶贫工作有了自己的机构、专门的工作经费和专项的政策保障，扶贫组织体系建构逐渐完善，从中央建立扶贫开发领导小组到省市县甚至乡镇都建立了扶贫开发办公室，

---

① 根据国际经验，当一国或一地区的贫困发生率降至3%时，即可认为已完成减贫任务。

且沿用至今。建立以省为主的扶贫工作机制，要求扶贫资金、权力、任务和责任“四到省”，并实行扶贫工作党政“一把手”负责制。确定了开发性扶贫的方针，将主要通过短期救济解决贫困人口的生存或温饱问题的方式，转变到提高贫困人群和贫困地区的自我发展能力上，大幅度增加政府对扶贫的投入，并探索更有效的扶贫到户的方式。这不仅意味着贫困治理开始淡化临时性救济而趋向常规化发展，也意味着行政管理的体制逻辑从此不可避免地渗透到贫困治理中，扶贫目标政治化与党政领导责任制也构成了计划目标实现的约束与激励机制，扶贫进入组织化、计划化、分工协作化减贫阶段。除扶贫部门参与外，动员社会力量参与扶贫，包括鼓励政府部门、大型国企参加对口帮扶，东部经济发达省市对对口帮助西部地区省市的东西部协作扶贫以及鼓励其他社会力量参与扶贫，同时积极引进国外扶贫资金、理念、方式和管理模式，逐渐形成了专项扶贫、行业扶贫、社会扶贫、国际合作相结合的“大扶贫格局”。

四、2001—2010 年：以巩固温饱为目标

进入新世纪，随着我国贫困规模的不断缩小，共同性的致贫因素开始弱化，而农户个体性因素日趋显著，致贫因素呈现出多样化的特征。农村贫困人口分布呈现出“大分散、小集中”的特点，贫困人口呈现集中度下降和边缘化的特征，扶贫瞄准难度加大，适用于贫困人口规模较大且高度集中的传统区域瞄准方式，其准确、有效、节约成本等优点不再明显。在城乡二元结构的限制下，持续的经济增长，快速的城市化、工业化和农村劳动力的流动使得农村贫困有向城市蔓延的态势，贫困的缓解更加依赖于非农产业的增长。不平等程度增加使经济增长的减贫效应下降，大面积的普遍贫困已经解决，但随着贫富差距拉大，取而代之的是部分地区贫困程度不断加深。贫困人口分布由以前的在扶贫重点县的区域集中向更低层次的村级社区集中，2001 年扶贫重点县贫困人口占全国贫困人口比例下降到 61.9%。少数贫困人口的温饱问题仍未解决，而且解决的难度更大；初步解决温饱问题的贫困人口，温饱水平还不稳定；基本解决温饱问题的贫困人口，其温饱标准还很低。按

照2001年贫困标准631元计算，农村贫困人口达到9422万，贫困发生率为10.2%。

2001年5月24日，中央扶贫开发工作会议召开，指出在20世纪末基本解决农村贫困人口温饱问题的战略目标已基本实现，并对21世纪第一个十年的扶贫工作作了部署。2001年6月13日，国务院颁发了指导农村扶贫的第二个纲领性文件《中国农村扶贫开发纲要（2001—2010年）》，确定了这个阶段扶贫开发总的奋斗目标，即尽快解决少数贫困人口温饱问题，进一步改善贫困地区的基本生产生活条件，巩固温饱成果，提高贫困人口的生活质量和综合素质，加强贫困乡村的基础设施建设，改善生态环境，逐步改变贫困地区经济、社会、文化的落后状况，为达到小康水平创造条件。

为实现这一目标，我国政府出台了大量的扶贫开发措施。第一，整村推进开发扶贫，即改善贫困地区的生产条件和贫困户的生活条件，帮助贫困村整体脱贫。这种调整部分地考虑到了贫困人口分布的分散性，贫困村既有分布在贫困县内也有分布在非贫困县内，确保扶贫资源投入能够覆盖到非贫困县中的贫困人口。第二，农业产业化开发扶贫，是通过对农业进行产业化开发来调节农业生产关系，直接促进生产力发展，进而间接带动减贫效果的重要方式。全国范围内开始了以扶持扶贫龙头企业、建设产业化基地为主要抓手，以延长农业产业链和提高农业附加值为原则的产业化扶贫。农业产业化开发扶贫可以帮助贫困地区的一些农业产业化龙头企业和当地贫困户建立联系，来帮助贫困户更好地获取外部信息，促进贫困地区产业结构提升，产品更好地与市场对接，解决小农户与大市场的问题。第三，启动以农业实用技术培训、职业教育、创业培训为主要手段，以“雨露计划”为代表的贫困地区劳动力转移培训，目的是帮助贫困地区培训劳动力，提高贫困农民的综合素质和获得非农就业的能力，培训后外出务工可以获得更高更稳定的收入。第四，移民扶贫（或称易地安置扶贫），在政府的帮助下，把那些不具备生存条件地区（即一方水土养不起一方人）的贫困人口迁移到其他条件更好的地区发展。2001—2010年，中央财政累计投入财政专项扶贫资金约1440.37亿元。经过10年的扶贫开发，到2010年年底，按照1274元的贫困标准，我国农村贫困人口从2000年年底的9422万减少到2688万；农村贫困人口占农村人口的比重从10.2%下降到2.8%。一些连片特困地区基本上解决了温饱问题，生产生活条件明显改善，经济社会面貌发生了深刻变化。截至2010年年底，《中国农村扶贫开发纲要（2001—2010年）》确定的目标和任务已全面完成。

从这一时期开始，我国由非均衡发展战略进入均衡发展战略新阶段，我国政府试图建立以工促农、以城带乡的长效机制，推进城乡基本公共服务均等化，形成城乡经济社会发展一体化的新格局。在坚持农业的国民经济基础地位不动摇的前提下推出一系列强农惠农政策，发展竞争性的要素市场，统筹城乡发展。贫困状况呈现局部性、边缘化、“大分散、小集中”特征，国家扶贫战略和国家发展战略由几乎完全重合变为部分重合，贫困形势和扶贫局面的变化要求对扶贫战略进行调整。因为贫困人口主要集中在农村而且农业增长具有最大的减贫弹性，持续促进农业的发展仍然是重要的减贫手段。与此同时，传统农业对贫困人口脱贫致富的作用在不断下降，日益凸显的流动人口贫困和城市贫困问题也逐渐受到关注。除关注收入性单维贫困外，政府的目光更多地转向注重贫困人口健康、教育和社会福利等方面需求，降低支出成本，尝试解决多维贫困。一系列的政策表明我国政府开始更加注重以宏观政策的视角审视贫困问题，并在改进的基础上保持专项扶贫政策的连续性，我国扶贫政策转向开发式扶贫与多项惠农减贫政策并举的整合阶段。自2004年开始，针对农户的公共转移项目迅速增加，包括农业生产补贴、低保金、养老保险金、退耕还林补贴、救灾和救济金等10项内容。在继承开发式扶贫政策和以往经验的基础上，国家将扶贫重点县放到中西部地区，工作着力点从贫困县转向贫困村，强调扶贫到户，更加注重用参与式方法自下而上制定扶贫开发规划，以村为单位进行综合开发和整村推进，依据规划推进扶贫工作，尝试解决存在多年的贫困县内扶贫资源外溢和非贫困县的贫困户被排斥在政府扶贫资源享受对象之外的问题。2007年，我国在农村全面推行农村最低生活保障制度，并推进开发式扶贫政策制度同农村最低生活保障制度的有效衔接。由于国家统计局估计的贫困人口和民政部门确定的低保人口在很大程度上是两个不同的群体，两类项目的分管机构协调不足，项目瞄准机制各异，信息平台不一，衔接的难度较大。

这一时期反贫困工作从简单的“经济开发式”向综合的“社会开发式”

转变，更加注重使用再分配手段来反贫困，既关注导致贫困的各种直接的具体原因，也关注贫困问题的深层次政策制度与社会背景。一方面进行经济结构调整，推动以市场为导向的经济增长，另一方面为暂时不能从这种经济增长中受益的贫困人口提供安全网。新的探索主要体现在以下几个方面：第一，这个阶段实际上政府在努力地探索如何利用市场经济来改善贫困、减缓贫困，承认城乡间人口流动是扶贫的一个重要途径，更加重视改善贫困人口进入和利用市场的力量来摆脱贫困。专项扶贫模式不断改进和完善，产业扶贫、整村推进、“雨露计划”、小额贷款等专项扶贫模式渐趋成熟，连片开发试点铺开并取得了可喜成绩，为后续的扶贫工作积累了宝贵经验。第二，更加强调坚持综合开发、全面发展，不但要加强基础设施建设，也要重视科技、教育、卫生、文化事业的发展，改善社区环境，提高生活质量，促进贫困地区经济、社会的协调发展和全面进步。第三，强调群众参与，用参与式方法自下而上制定扶贫规范，实施扶贫规划，满足贫困群体自身利益的诉求，使他们获得利益表达的机会。第四，在开发式扶贫的基础上，引入了保障性扶贫这一过去没有正确认识的扶贫方式，实行扶贫开发和农村最低生活保障制度有效衔接，同时更加注重统筹城乡发展和社会安全网的建立和完善并推出了一系列强农惠农政策。自此，农村基本形成了涵盖开发式扶贫、救灾救济、五保制度和低保制度在内的比较完备的反贫困政策体系，整个扶贫体系更加完善，对于我国农村贫困治理事业发挥重要作用。

五、2011—2020 年：以全面小康为最终目的

我国新阶段的减贫工作任务依然艰巨。新时期的贫困问题主要表现为扶贫对象规模巨大，特殊贫困矛盾突出，相对贫困问题凸显，致贫因素多样化，贫困人口内部的结构化和多元化特点日趋明显，减贫成效不稳定，返贫现象时有发生，贫困地区特别是连片特困地区发展相对滞后，贫困问题依然严重。新标准下的贫困人口成为扶贫开发的“硬骨头”，“宏观分散、微观集中”，具有分散化与碎片化的特点，大多分布在生存条件恶劣、自然灾害多发、缺水少土、基础设施薄弱、教育和医疗卫生等社会事业发展程度低的中西部地区，

特别是大石山区、边疆地区、革命老区、少数民族聚居区和水库移民区，贫困程度深，自我发展能力弱，扶贫开发成本高、难度大。贫困原因从区域经济发展不足、地理位置偏远、自然条件恶劣、人力资源不足等结构性因素为主转变为贫困人口生计不稳定、脆弱性强等个体性因素。贫困问题已经由原来的普遍的经济落后造成的贫困演变成了以相对的资产和福利剥夺为主要特点的贫困，由原来的长期性贫困为主向暂时性贫困为主转变，由原来的资源型贫困向能力型贫困转变。总的来看，贫困人口数量依然庞大且脆弱性明显，经济发展“边际效益”开始递减，减贫政策成本增加；贫困地区落后面貌总体改善，但发展不平衡的问题突出；部分地区已经实现整体脱贫，但特殊困难地区和特殊群体的贫困问题仍积重难返；贫困地区生态环境恶化趋势初步遏制，但生态环境保护区的农民生计问题还没有妥善解决。由于特殊困难地区农村贫困人口自我发展能力弱，抵御自然灾害、市场风险以及家庭变故风险的能力很弱，社会有效防止返贫的体系又没有建立，因此一遇天灾病灾或市场波动，他们就极易返贫，往往是大灾大返贫，小灾小返贫。自然社会因素的再生性贫困表现十分突出，依靠传统意义上基于农业开发的低强度的、小规模的扶贫措施，很难解决尚存的农村贫困问题，特别是深度的贫困问题。对贫困人群来说，发展成本迅速增加，发展贫困问题日益凸显，解决温饱、增加收入仅仅是暂时解决了眼前的问题，从长远的角度看，通过教育来大幅度地改善他们的人力资本水平，通过医疗来提高其健康水平才是彻底脱贫的关键。这些问题都需要采取超常规的举措来予以解决，通过区域精准和个体精准结合来坚决打赢脱贫攻坚战，确保到2020年所有贫困地区和贫困人口共同迈入全面小康社会。

2011年11月29日，中央扶贫开发工作会议决定将农民人均纯收入2300元作为新的国家扶贫标准，这个标准比2009年提高了92%。以新标准测算，截至2010年年底，全国贫困人口增至1.28亿，占农村总人口的13.4%，占全国总人口（除港澳台地区外）的近1/10。2011年年底，我国政府出台了《中国农村扶贫开发纲要（2011—2020年）》，确定了这个阶段的扶贫目标和任务：“到2020年，稳定实现扶贫对象不愁吃、不愁穿，保障其义务教育、基本医疗和住房。贫困地区农民人均纯收入增长幅度高于全国平均水平，基本公共服务主要领域指标接近全国平均水平，扭转发展差距扩大趋势。”“两不愁”“三保障”的通俗表述实际上反映出我国扶贫形式的变化与政策关注重点的变化，从过去以解决温饱问题为核心向给予贫困人口更有尊严的生活转变。“两不愁”“三保障”是多元的目标，不仅仅是提高收入，还包括保障教育、基本医疗、住房等，这一标准实际上是一种多维贫困标准目标，更加关注贫困人口的发展需求，表明我国扶贫工作从开发式扶贫进入相对广泛的大扶贫领域。扶贫目标的多元化表明，在新的阶段既要从超越重点县、重点村、贫困户三个层次的区域层次来解决一些整体性特殊困难，解决区域发展差距日益扩大问题，也要从具体的贫困户脱贫问题入手，巩固和提高贫困个体的生存保障和发展能力，实现贫困地区社会的全面小康。这一时期的贫困治理不仅具有经济功能，更具有社会功能和政治功能，更加强调调动全社会力量，构建大扶贫格局。

2013 年 12 月，中共中央办公厅、国务院办公厅印发《关于创新机制扎实推进农村扶贫开发工作的意见》，该意见立足实际，放眼全局提出了扶贫的六大机制：改进贫困县考核机制、建立精准扶贫工作机制、健全干部驻村帮扶机制、改革财政专项扶贫资金管理机制、完善金融服务机制和创新社会参与机制。2015 年 11 月，中共中央、国务院印发《中共中央国务院关于打赢脱贫攻坚战的决定》，在“两不愁”“三保障”的基础上，提出“确保我国现行标准下农村贫困人口实现脱贫，贫困县全部摘帽，解决区域性整体贫困”的更高要求。实现上述目标，至少有三层含义：一是我国全面建成小康社会底线目标实现，农村贫困人口与全国人民共同迈入全面小康社会，这是全面建成小康社会的基本标志；二是我国绝对贫困问题得到历史性的解决，具有里程碑意义；三是我国将提前 10 年实现联合国《2030 年可持续发展议程》确定的减贫目标，继续走在全球减贫事业的前列。

这一时期，将在扶贫标准以下具备劳动能力的农村人口作为扶贫工作主要对象，将六盘山区、秦巴山区、武陵山区、乌蒙山区、滇桂黔石漠化地区、滇西边境山区、大兴安岭南麓山区、燕山－太行山区、吕梁山区、大别山区、罗霄山区等区域的连片特困地区和已明确实施特殊政策的西藏、四省藏区、新疆南疆三地州作为扶贫攻坚主战场，中央设立跨省协调机构和片区联系单位，并为14个连片特困地区制定相应的区域发展与扶贫攻坚规划，将其作为扶贫工作计划、协调和管理的单元，扶贫开发的目标瞄准更为清晰。为配合连片特困地区的扶贫开发工作，中央和省级财政要大幅度增加对这些地区的一般性转移支付，中央财政扶贫资金的新增部分也主要用于连片特困地区，国家大型项目、重点工程和新兴产业要优先向符合条件的特困地区安排。“十二五”期间，中央累计投入财政专项扶贫资金约1891.82亿元。

这一时期，把“精准扶贫、精准脱贫”作为基本方略，中共中央提出“六个精准”的要求，即“扶持对象精准、项目安排精准、资金使用精准、措施到户精准、因村派人精准、脱贫成效精准”，这是精准扶贫、精准脱贫方略的主要内容和基本要求。同时中央提出“五个一批”，即“发展生产脱贫一批、易地搬迁脱贫一批、生态补偿脱贫一批、发展教育脱贫一批、社会保障兜底一批”，这是分类施策的工作思路和脱贫攻坚的实现途径。精准扶贫不仅成为指导我国农村扶贫的基本方针，而且成为扶贫实践的主要抓手。实施精准扶贫、精准脱贫方略，标志着我国扶贫开发工作开始实现四个转变：一是创新扶贫开发路径，由“大水漫灌”向“精准滴灌”转变；二是创新扶贫资源使用方式，由多头分散向统筹集中转变；三是创新扶贫开发模式，由偏重“输血”向注重“造血”转变；四是创新扶贫考评体系，由侧重考核地区经济发展指标向主要考核脱贫成效转变，从以往扶贫到县进一步精准到贫困户。

通过实施精准扶贫方略，加快贫困人口精准脱贫。通过改进贫困县考核机制和退出第三方评估机制、建立精准扶贫工作机制、健全干部驻村帮扶机制、改革财政专项扶贫资金管理机制、完善金融服务机制、创新社会参与机制等几个方面来创新扶贫开发工作机制。针对制约贫困地区发展的瓶颈，以连片特困地区为主战场，因地制宜，分类指导，突出重点，注重实效，组织实施村级道路畅通工作、饮水安全工作、农村电力保障工作、危房改造工作、特色产业增收工作、乡村旅游扶贫工作、教育扶贫工作、卫生和计划生育工作、文化建设工作、贫困村信息化工作等扶贫开发十项重点工作，全面带动和推进各项扶贫开发工作。在理顺体制机制的基础上，更加注重解决以下几个方面的突出问题：健全精准扶贫工作机制、发展特色产业脱贫、引导劳务输出脱贫、实施易地搬迁脱贫、结合生态保护脱贫、着力加强教育脱贫、开展医疗保险和医疗救助脱贫、实行农村最低生活保障制度兜底脱贫、探索资产收益扶贫、健全留守儿童、留守妇女、留守老人和残疾人关爱服务体系。

从以上可以看出，这一时期的减贫目标是一个多元化、多层次、综合的目标体系，扶贫不再仅仅局限于脱贫领域，而是要实现在脱贫基础上的同步小康。更宽泛的扶贫概念成为扶贫政策制定和资金投入的基石，扶贫治理手段呈现依托市场机制的经济发展、国家主导的扶贫开发与多部门参与的转移性支付混合运行的特点，使得扶贫工作能够超越政府预算约束而取得更大的成就。既强调各项扶贫政策之间的衔接，同时也强调扶贫政策与其他相关制度安排之间的衔接，扶贫政策体现出一些新的变化。一是重视经济开发与社会公平、传统文化和环境保护等方面的关系，将生态环境改善作为扶贫开发的总体要求之一，更加注重经济、社会、文化、生态效益的协调统一。二是将发展能力的提高作为扶贫的重要目标，更加注重对人的关怀，突出机会平等和权利保障，减少社会排斥，强调扶贫资金到户以增强贫困人口的发展能力，让贫困人口有更多的获得感。三是赋权到户，在加大对农村、农业、农民普惠政策支持的基础上，对贫困人口实施特惠政策，特别关注特殊贫困群体，尝试解决扶贫开发在缓解贫困的同时加剧了农村内部的收入不平等的问题，更加注重多维贫困问题的解决。四是横向分工、纵向分权深度推进扶贫工作。横向看，部门沟通协作更加畅通，形成强大的工作合力；纵向看，中央、省、市和县级事权更加明晰，扶贫项目审批权下放到县，实行责任、权力、资金、任务“四到县”。五是扶贫边界更为清晰。将扶贫对象锁定为具备劳动能力的农村人口，这样将带有分配性质的增长促进政策或发展援助政策的扶贫目标与针对丧失劳动能力人口的社会保障兜底目标区分开，强调生活救助和能力扶贫的“两轮驱动”，并把社会保障作为解决温饱问题的基本手段，为开发式扶贫确定了比较清晰的工作边界。六是在扶贫资源的传导上不断创新。除继续加大财税和信贷支持力度外，更加注重以金融服务体制的完善、金融产品和服务方式的创新、民间借贷的规范发展、征信体系的建设等为重点的金融服务环境的打造。将减贫与发展结合在一起，通过精准扶贫、精准脱贫，基本实现全面小康。

然而，我们也应该看到，并不是所有的经济、社会发展政策都一定是有利于贫困人口的，实践充分证明，我国在发展政策上选择了正确的方向，成功走出了一条中国特色的扶贫开发道路。我国扶贫开发宏观战略经历了以经济开发为中心到统筹经济社会发展全局的转变，从过去通过经济增长来增加贫困人口收入为主并辅以适当救济的反贫困战略转变为实行以促进贫困人口集中区域自我发展能力、提高与推动区域经济发展来实现稳定减贫和消除贫困为目标的战略。扶贫政策实施过程由过去忽视贫困成因和贫困群体特征的扶贫资源普惠性平均分配向精确的贫困瞄准基础上进一步细分贫困群体的精准分配转变，部分扶贫政策逐渐由区域性、地方性探索转变为国家层面的整体设计和推进。对贫困人口的扶持政策更加注重救济性政策、开发性政策和预防性政策的有机结合，从向贫困人口提供满足最低生活需要的物质援助发展到把政策扶贫、投资扶持与贫困人口自力更生相结合。扶贫政策的关口由事后干预向降低脆弱性和风险的事前干预前移，更加注重通过教育、健康方面的投入来提高贫困人口预防和应对贫困风险的能力，而不仅仅是在其陷入贫困不能自拔之后再进行扶持和救助。扶贫任务的重点向保障公平分配，以及赋予贫困人口更有尊严的生活转变。贫困治理逐渐由政策性、运动式向制度性方向发展，贫困治理结构由完全的政府主导逐步向政府主导、社会组织参与进而向政府主导、社会组织和受益群体参与转变。扶贫工作由相对狭义的开发式扶贫进入相对广泛的大扶贫，领域治理手段由单一化向多元化以及多部门主导延伸，呈现出依托市场机制的经济发展和国家主导的扶贫开发混合运行、政府主导与互动参与并举的特点。扶贫资源传递上，充分利用市场机制和市场主体，实现扶贫资源的市场化配置，社会扶贫资源动员、传递和分配的制度建设进一步完善，在贫困防范与干预上具有更好的稳定性、持续性与常规化的特点，扶贫开发活动成效更具有效性、针对性和可持续性。

我国的扶贫是一个使社会贫弱阶层不断分享经济、社会发展成果的过程，扶贫政策实施有助于缓解日益扩大的收入分配差距，尤其是有助于缩小贫困地区和一般地区的发展差距。在长期的实践中，我国成功地走出了一条以经济发展为带动力量、以增强扶贫对象自我发展能力为根本途径，政府主导、社会帮扶与农民主体作用相结合，普惠性政策与特惠性政策相配套，扶贫开发与社会保障相衔接的中国特色扶贫开发道路。这种扶贫开发战略体现出以下几个鲜明的特点：一是坚持党对扶贫开发工作的领导，发挥政治优势，为扶贫开发提供强有力的组织保障。二是坚持改革开放，保持经济快速增长，不断出台有利于贫困地区和贫困人口发展的政策，为大规模减贫奠定了基础、提供了条件。三是坚持政府主导，把扶贫开发纳入国家总体发展战略，开展大规模专项扶贫行动，针对特定人群组织实施妇女儿童、残疾人、少数民族发展规划。四是坚持开发式扶贫方针，把发展作为解决贫困的根本途径，既扶贫又扶志，调动扶贫对象的积极性，发挥其主体作用，促进贫困人口的能力建设，增强个人的自我积累、自我发展能力。五是坚持动员全社会参与，发挥制度优势，构建了政府、社会、市场协同推进的大扶贫格局，形成了跨地区、跨部门、全社会共同参与多元主体的社会扶贫体系。六是坚持普惠政策和特惠政策相结合，在加大对农村、农业、农民普惠政策支持的基础上，对贫困人口实施特惠政策，做到应扶尽扶、应保尽保。政府主导，社会力量参与，发掘贫困人口主动性、创造性，集区域政策、行业政策和社会政策于一体，反贫困战略和策略随着社会、经济环境和扶贫对象本身的变化，更加突出扶贫开发体制机制改革创新的重要性，采取更有效、更明智、更富有弹性的政策措施。

党的十八大以来，以习近平同志为核心的党中央把脱贫攻坚作为全面建成小康社会的突出短板和底线目标，纳入“五位一体”总体布局和“四个全面”战略布局，摆到治国理政的重要位置，力度之大、规模之广、影响之深前所未有，开创了脱贫攻坚新局面，取得了举世瞩目的减贫成绩，在人类反贫困史上树立了中国样板，贡献了中国智慧。2012—2019 年，我国贫困人口减少近 9400 万人；截至 2020 年 2 月底，全国 832 个贫困县中已有 601 个宣布摘帽，179 个正在进行退出检查，未摘帽县还有 52 个，区域性整体贫困基本得到解决。2020 年是我国全面建成小康社会的决胜阶段，必须全力克服新冠肺炎疫情影响，凝心聚力打赢脱贫攻坚战，确保如期完成脱贫攻坚目标任务。

第三章　新时代我国精准扶贫的理论探析

根据国务院扶贫办扶贫开发建档立卡信息系统的识别认定，2012 年底时，我国有建档立卡贫困人口 9899 万人。这些贫困人口分布面积广，规模大，贫困程度深，各种矛盾交织，呈现出“大分散、小集中”的特征，致贫原因也更为复杂。扶贫难度越来越大，扶贫工作已进入了啃“硬骨头”的攻坚阶段。在这种背景下，习近平总书记指出，没有贫困地区的小康，没有贫困人口的脱贫，就没有全面建成小康社会。要坚持精准扶贫、精准脱贫，重在提高脱贫攻坚成效。关键是要找准路子、构建好的体制机制，在精准施策上出实招、在精准推进上下实功、在精准落地上见实效。于是，中央开始调整扶贫思路，适时提出“精准扶贫”战略。依靠易地搬迁扶贫、资产收益扶贫、小型公益事业扶贫、奖励补助扶贫等手段，党的十八大以来，每年减贫人口 1300 万人以上。时至今日，脱贫攻坚已进入决战决胜阶段。

精准扶贫是一个从精准扶贫、精准脱贫基本方略的政策设计，到精准扶贫政策创新机制和全面推进执行的发展过程。针对我国的历史基础、现实国情和贫困状态，2013 年 11 月习近平总书记在湖南省调研时，于湘西地区凤凰县廖家桥镇昌蒲塘村提出“精准扶贫”这一具有跨时代意义的理念。精准扶贫一改以往的“一刀切”“填鸭式”的扶贫思维，以一种全新的姿态呈现在群众面前，为扶贫工作带来了新动能。2014 年 1 月 25 日，中共中央、国务院联合发布的文件《关于创新机制扎实推进农村扶贫开发工作的意见》，将精准扶贫的理念确立为扶贫工作的新措施、新抓手，精准扶贫成为我国扶贫工作的新的亮点和落脚点。随后，国务院扶贫办制定了关于建立精准扶贫机制的实施计划，标志着精准扶贫工作的全面实施。2015 年 1 月 19 日，习近平总书记

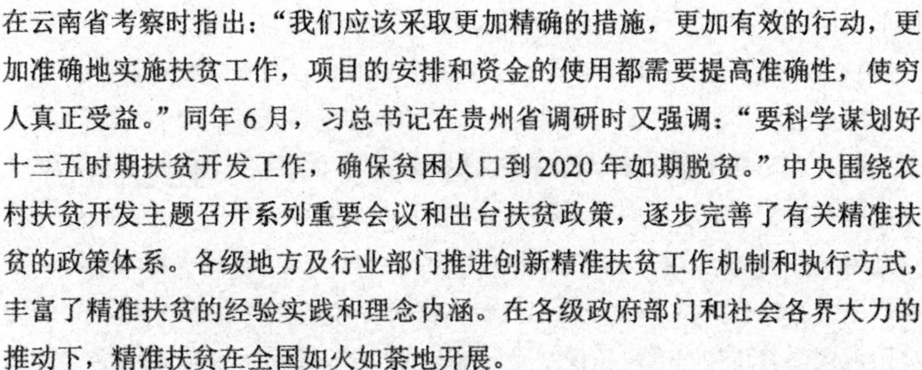

在云南省考察时指出："我们应该采取更加精确的措施，更加有效的行动，更加准确地实施扶贫工作，项目的安排和资金的使用都需要提高准确性，使穷人真正受益。"同年6月，习总书记在贵州省调研时又强调："要科学谋划好十三五时期扶贫开发工作，确保贫困人口到2020年如期脱贫。"中央围绕农村扶贫开发主题召开系列重要会议和出台扶贫政策，逐步完善了有关精准扶贫的政策体系。各级地方及行业部门推进创新精准扶贫工作机制和执行方式，丰富了精准扶贫的经验实践和理念内涵。在各级政府部门和社会各界大力的推动下，精准扶贫在全国如火如荼地开展。

精准扶贫是在新形势和新问题背景下我国农村扶贫开发的创新政策。改革开放以来特别是党和政府有计划地实施减贫政策以来，我国贫困人口大量减少，取得了巨大的减贫成绩，在这一探索过程中形成了具有中国特色的扶贫开发道路。近年来，在我国经济发展进入新常态、经济增长的减贫效益下降和社会收入分配不平等呈现扩大趋势的经济社会大环境下，在以区域开发为重点的扶贫方式出现瞄准精度和减贫效率下降趋势问题的背景下，需要创新扶贫策略，增强扶贫的针对性和提高减贫的有效性。通过全面设计和实施精准扶贫政策，为有效推进减贫事业和如期实现小康目标提供了政策指南。

精准扶贫的核心是扶贫到户到人。基本定义是扶贫政策和措施要针对真正的贫困家庭和人口，通过对贫困人口有针对性的帮扶，从根本上消除导致贫困的各种因素和障碍，达到可持续脱贫的目标。具体而言，就是对应"扶持谁""谁来扶""怎么扶""如何退"四个关键问题，着重在对扶贫对象的精准识别、精准帮扶、动态管理和扶贫效果的精准考核四个主要环节，按照"六个精准"的基本要求和"五个一批"的主要途径具体实施。

一、精准扶贫的提出背景

（一）政策制定的背景和由来

1. 减贫事业的深入推进和脱贫难度的逐渐增大

从20世纪80年代中期开始，我国政府开始实施有针对性的减贫政策，大致经历了体制扶贫、大规模开发式扶贫、扶贫攻坚、扶贫新开发以及扶贫成效巩固五个阶段。改革开放初期，我国农村整体贫困，按区域（贫困县和贫困村）识别贫困人口的难度较小，因而以改善地区生产和生活条件为重点的基础设施建设和公共服务提供，取得了明显的减贫效果。20 世纪末，我国用了将近 20 年的时间，基本解决了温饱问题。21 世纪以来，全国扶贫开发的重点是实施整村推进，同时，国家重视农业、农村和农民工作，农村地区广泛开展社会主义新农村建设。在此背景下，农村贫困人口数量显著下降，收入水平稳步提高，贫困地区基础设施逐步完善，公共事业取得了长足发展，贫困地区面貌和贫困人口生活水平明显改善。应该看到，新时期我国的扶贫工作仍然面临着众多考验和挑战，全社会贫富差距拉大、区域发展不平衡不充分、深度贫困问题突出、激活内生动力难题依旧、返贫问题出现，宏观和微观层面的问题制约贫困地区和贫困人口脱贫发展。在政府主导下，经过多年扶贫，容易帮扶的对象基本已经脱贫，余下的都是难啃的“硬骨头”，特别是居住在生存环境恶劣、基础设施薄弱、公共服务滞后的深度贫困地区的贫困人口，脱贫难度和返贫风险更大。在这一背景下，长期以来以区域开发为重点的农村扶贫已经出现了扶贫对象瞄准失准、扶贫效率和效果下降的问题，因此亟待调整扶贫方略，增强扶贫的针对性，提高扶贫的有效性。

2. 经济发展新常态下，贫困地区发展面临挑战和机遇

经济总量和农业在 GDP 中比重的下降是经济增长的减贫效应下降的宏观标识。2014 年 5 月，习近平总书记根据经济发展阶段的变化，作出了中国的经济发展已经进入“新常态”的重大战略判断，即进入了“增长速度换挡期、结构调整阵痛期、前期刺激政策消化期‘三期’叠加”的新常态。经济发展新常态下，贫困人口失业和致贫的风险加大，特别是在经济活动领域中本来就较脆弱的人群和“工作中的穷人”。产业结构调整会使就业的结构性问题凸显，就业市场上的弱势群体将陷入更大的脆弱程度之中，失业压力将使未来贫困人口的脱贫难度加大。财政资金用于扶贫的增量空间有限，政府依托财政资金投入、以收入再分配和投资于贫困群体发展来减贫的增量空间被压缩。前期经济刺激政策的消化还需要较长的时间，为贫困人群提供强支持力度新政策的可能受限。经济新常态对扶贫工作产生各种影响，也为精准扶贫带来新机遇。一方面，政府的职责更加明确，更加精准；另一方面，市场的作用

更加充分和规范，也使精准性表现更加充分。产业结构转型升级是经济新常态的重要内涵与主要指标。贫困地区的产业结构变化，真正意义上的依托传统产业发展促成结构升级并不常见，较多的产业结构变化，是产业创新带来的。最明显的表现是生态环境资源得到了新型的开发利用。产业发展往往是与外部经济发展相联系的，甚至是外部经济发展带来的，属于外部经济的衍生需求创造。对于贫困地区来说，产业变化是产生和创新后发优势的重大机遇，产业扶贫应该是精准扶贫必须重视的扶贫方式之一。生态文明制度体系建设为精准扶贫带来了新机遇——全局性生态环境问题促成的新机遇。生态环境的压力对保护生态环境形成了“倒逼机制”，客观上使贫困地区受到更多重视，有利于贫困地区的精准扶贫得到更多支持，获得更多机遇，精准扶贫可以用好生态产品的多样化、市场化与创新化机制。用制度保护生态环境已经成为新时期推进生态文明建设的重要出路和重点，严格的源头保护制度、严格的损害赔偿制度、严格的责任追究制度等制度改革与创新，对于具有生态资源优势的贫困地区来说，形成了潜在的巨大政策红利。

3. *逐步加剧的收入分配不平等*

低收入人群从经济高速增长中分享的收益呈下降趋势。收入分配不平等程度扩大意味着处于收入分配底端的贫困人口越来越难以分享经济增长的红利。30 多年的高速经济增长，使以平均水平衡量的人均收入快速增长的同时，也在整体上加剧了收入分配的不平等。全国基尼系数[①]从 1981 年的 0.288 提升到 2012 年的 0.474，不平等程度增加了 65%，农村基尼系数从 1978 年的 0.2124 提升到 2011 年的 0.3897，不平等程度增加了 83%。在全社会收入差距扩大的背景下，亟须调整和实施更加有针对性的扶贫政策，采取超常规举措，瞄准贫困人口，多措并举叠加扶持。

---

① 基尼系数：指国际上通用的用以衡量一个国家或地区居民收入差距的常用指标。系数最大为“1”，最小等于“0”。基尼系数越接近 0 表明收入分配越是趋向平等。国际惯例把 0.2 以下视为收入绝对平均，0.2 ～ 0.3 视为收入比较平均，0.3 ～ 0.4 视为收入相对合理，0.4 ～ 0.5 视为收入差距较大，当基尼系数达到 0.5 以上时，则表示收入悬殊。

4. 劳动人口大量流失，空心化日益严重

随着工业化、城镇化的不断推进，农村贫困地区人口外出务工的比例逐年提高。2013 年外出务工贫困人口占比 22.96%，其中来自西部地区人口占总比的 40.71%。贫困人口中外出务工时间在一年以上的占比约 7.5%，属于常年不从事户籍所在地农业生产活动的人群。青壮年劳动力大量外流，贫困村呈现空心化趋势。村内多是丧失劳动能力和劳动能力较弱的老人、妇女、儿童等“留守”人员。人是最重要的要素，贫困地区缺少劳动力，就缺乏发展动力，因此，“留守贫困人口”的脱贫问题和村级治理能力建设成为扶贫工作的难点。此外，部分丧失劳动能力的贫困户难以参与到开发式扶贫的进程中。

5. 扶贫资金瞄准偏离，精准度和有效性较差

扶贫资金的使用中存在“低命中率”和“高漏出量”现象。一是扶贫资金分项投入、多头管理，造成资金管理成本增加和效果降低，同时由于缺乏有效的协调和沟通机制，容易造成中央财政扶贫资金管理上的混乱，不便监督。项目资金分配中，扶贫资金主要投向的行业、产业与贫困人口的实际需求不一致。二是扶贫管理部门科层组织的横向目标责任不清晰与协调不通畅，阻碍了扶贫资金的有效传递，降低了使用效率。在扶贫资金纵向传递过程中，扶贫资金的投向和使用并没有精确地瞄准贫困人口。根据 2012 年乌蒙山片区的调查数据显示，2012 年乌蒙山片区建档立卡工作的瞄准率为 71.03%，有 28.97% 的建档立卡贫困户从收入标准看并不属于贫困户，出现了失准问题。对于收入标准下的全部贫困户，建档立卡的覆盖率只有 48.02%，仍有超过一半的贫困户并未实现建档立卡，存在漏评问题。从扶贫项目到户情况看，乌蒙山片区项目总体到户率低于 30%，存在较大的瞄准漏出；同时也有 30.77% 的非建档立卡贫困户享受到了扶贫项目支持，造成了“扶富不扶贫”的错位。

6. 基层扶贫工作粗放，机制不健全

得力的基层组织和完善的工作机制是提高扶贫精准度和有效性的制度保障。目前存在的主要问题有以下三个：一是扶贫原因同质化，浪费大量政府资源。将致贫原因同质化处理，推行一概而论、大水漫灌的问题解决方式，不仅浪费政府扶贫资源，而且大大影响扶贫效果。二是基层组织执行能力弱，导致扶贫政策执行乏力。一些贫困县为快速见效，采取先易后难的方式，使

得居住在偏远地区、扶贫开发难度最大的贫困人口得不到有效扶持，造成“扶县不扶民”“扶富不扶穷”。三是绩效考核机制不完善，导致扶贫政策执行的动力不足，阻碍了扶贫资源的精准使用，使得扶贫资源的使用效率和使用质量较低。

7. 贫困人口内生动力不足，缺乏参与度

深度贫困人口长期生活在与贫困对抗的绝望和冲突中，难以摆脱贫困陷阱，他们改变自身面貌的信心和认识往往不足，公共参与度较低。贫困地区的廉价资源和劳动力所剩无几，又缺乏内生动力。贫困人口对有没有扶贫项目、有什么扶贫项目缺少发言权；扶贫项目能否成功，责任承担主体不明。贫困是一个紧密联系的整体现象，倘若不深入贫困地区，不了解贫困群体所思、所想、所需，政府制定的政策与具体贫困环境不相符，没有针对性的扶贫政策就会失效。

总之，在新形势、新问题面前，精准扶贫是为了抵消经济增长减贫效应的下降和完善新阶段扶贫工作机制而必须采取的措施，目的是增强扶贫的针对性和有效性。精准扶贫是现阶段我国农村扶贫的主要方式，是农村贫困人口到2020年摆脱贫困的根本保证。

（二）精准扶贫理念的形成和演变

精准扶贫是扶贫开发进入新阶段的思想理念、基本方略和实践要求。公共政策是从议题提出、议程设置、政策制定、政策执行到政策评估和完善的完备过程。从政策过程看，从提出精准扶贫理念，到提出精准扶贫、精准脱贫基本方略，再到完善精准扶贫、精准脱贫基本方略的“四梁八柱”的相关支撑政策和机制，经历了一个逐步丰富和深化的过程。

2013年11月，习近平总书记在湘西考察时指出，“扶贫要实事求是，因地制宜。要精准扶贫，切忌喊口号，也不要定好高骛远的目标”，标志着精准扶贫理念的提出。随后，中共中央办公厅、国务院办公厅发布《关于创新机制扎实推进农村扶贫开发工作的意见》，把扶贫开发工作机制改革创新摆到了更加重要、更为突出的位置，将建立精准扶贫工作机制作为六项扶贫机制创新之一，在全国推行精准扶贫工作。2015年1月习总书记在云南考察时再次指出："要以更加明确的目标、更加有力的举措、更加有效的行动，深入实施精准扶贫、精准脱贫，项目安排和资金使用都要提高精准度，扶到点上、根上，让贫困群众真正得到实惠。"2015 年 6 月，习总书记在贵州考察期间明确提出了"六个精准"的要求，即"扶持对象精准、项目安排精准、资金使用精准、措施到户精准、因村派人（第一书记）精准、脱贫成效精准"。2015 年 10 月，党的十八届五中全会通过《中共中央关于制定国民经济和社会发展第十三个五年规划的建议》，把"实施精准扶贫、精准脱贫，因人因地施策，提高扶贫实效"摆在实施脱贫攻坚工程的首要位置。2015 年 11 月，中共中央政治局会议审议通过了《关于打赢脱贫攻坚战的决定》，明确要求把精准扶贫、精准脱贫作为基本方略，坚决打赢脱贫攻坚战。在中央扶贫开发工作会议上，习总书记提出"扶持谁""谁来扶""怎么扶"三个关键问题，针对"怎么扶"的问题，指出按照贫困地区和贫困人口的具体情况，实施"五个一批"工程，即"发展生产脱贫一批、易地搬迁脱贫一批、生态补偿脱贫一批、发展教育脱贫一批、社会保障兜底一批"。2015 年 11 月 29 日，《中共中央国务院关于打赢脱贫攻坚战的决定》发布，明确"实施精准扶贫方略，加快贫困人口精准脱贫"，强调从精准识别、精准帮扶、动态管理、精准考核诸环节健全精准扶贫工作机制。

二、精准扶贫的内涵阐释

（一）精准扶贫释义

精准扶贫最基本的定义是扶贫政策和措施要针对真正的贫困家庭和人口，通过对贫困人口有针对性的帮扶，从根本上消除导致贫困的各种因素和障碍，达到可持续脱贫的目标。简单地说，精准扶贫就是要扶贫到户到人，而不能仅仅停留在扶持贫困地区、促进区域发展的层面上。相较于传统的粗放扶贫，精准扶贫有以下三个特点：目标更加明确、措施更具针对性、管理更加精细。精准扶贫要解决四个关键问题：一是"扶持谁"，就是如何聚焦贫困对象，解决以往扶贫工作中贫困人口底数不清、情况不明、针对性不强的问题；二是"谁来扶"，则是要解决扶贫主体责任不清、分工不合理，相关部门不能形成合力以及基层扶贫治理能力不强的问题；三是“怎么扶”，就是要解决扶贫资金和项目指向不准、扶贫效益和质量低下的问题；四是“如何退”，旨在衡量和判断贫困县、贫困村和贫困人口实现脱贫“摘帽”、有序退出的标准和动态管理问题。

精准扶贫针对“扶持谁”“谁来扶”“怎么扶”“如何退”这四个关键问题，提出扶贫对象的精准识别、精准帮扶、动态管理和对扶贫效果精准考核这四个主要环节。精准扶贫是通过一定的方式对贫困户进行精准识别，在找出致贫原因的基础上进行精准帮扶，根据扶贫对象的实际状况进行有进有出的动态管理，对贫困户的扶持效果进行考核，以保证精准脱贫。精准识别就是通过一定的方式将低于贫困线的家庭和人口识别出来，同时找准导致这些家庭和人口贫困的关键性因素，它是精准扶贫的基础。精准帮扶是在精准识别的基础上，针对贫困家庭的致贫原因，因户和因人制宜地采取有针对性的扶贫措施，消除致贫的关键因素和脱贫的关键障碍。动态管理首先是对所有识别出来的贫困户建档立卡，为扶贫工作提供包括贫困家庭基本状况、致贫原因和帮扶措施等方面的详细信息，为精准扶贫提供信息基础。然后根据贫困状况的实际变化。及时识别出新的贫困家庭和人口，同时将已经脱贫的家庭和人口调整出去，保持精准扶贫的有效性。精准考核是对精准扶贫的效果进行考核，主要针对地方政府。新阶段的农村扶贫工作有明确的分工，中央政府负责区域发展和片区开发，地方政府负责精准扶贫工作。精准考核首先是对贫困户的扶持效果进行考核和评估，保证精准脱贫，其次是对地方政府的扶贫绩效进行考核，督促贫困地区政府将工作重点放在扶贫和改善民生方面。精准考核的目的是督促贫困地区的地方政府将精准扶贫作为工作的重点。

（二）精准扶贫的主要内容

1. 扶持对象精准

扶持对象精准是精准扶贫的基础工作，毕竟要使精准扶贫有效，就必须准确地找到贫困家庭和人口，解决“扶持谁”的问题。扶持对象精准要求通过民主、科学和透明的程序以及多维度指标来将贫困户识别出来，其重点在于识别相对贫困群体中的贫困户，即在有限的贫困规模下，识别出最贫困、最需要扶持的人。目前，全国识别贫困人口的方法是在总指标控制下，由基层通过民主评议和建档立卡来识别。我国农村贫困人口的数量是由国家统计局根据约7万农村住户的抽样调查数据推算出来的。贫困人口总数的估算是客观有效的，但各个地方的贫困人口数量只能是通过总数的层层分解。在实际操作中，为了控制贫困人口的规模，以及防止地方为获得更多扶贫资源而过分夸大贫困状况，国家在贫困人口数分解到地方的时候，要求地方政府在最多上浮10%的指标控制下进行贫困人口识别。由于缺乏所有农户可靠的消费支出和收入数据，地方政府无法根据收入和消费支出识别贫困人口，当前主要采取民主评议的方式进行贫困识别和建档立卡。民主评议可以充分利用基层组织在农户信息的获取中所具备的便利条件，并且可以有效消除争议。

在贫困人口的识别过程中，基层组织通常使用综合标准，既考虑农户的收入水平和消费状况，也考虑家庭成员的健康、教育、能力、家庭负担和财产状况等多维度的福利状况。这种方式可以相对客观地辨析贫困人口。一些地方采用类似“一看房、二看粮、三看劳动力强不强、四看家中有没有读书郎”的衡量标准，由此可知多维度贫困指标在贫困人口识别中的重要性。建档立卡工作从2013年开始，2015年和2017年全国又分别开展了“回头看”活动，已经建立了完整的建档立卡信息系统，扶持对象精准工作有了很大改进，并为后续大规模的精准扶持提供了支撑。

2. 项目安排精准

扶持对象识别出来并建档立卡以后，就需要根据贫困户和贫困人口的实际需要进行有针对性的项目帮扶，做到因户、因人施策。具体而言，项目安排精准需要找准每个贫困家庭的致贫原因，在找准每一个贫困户致贫因素的基础上，有针对性地安排扶持项目，对家庭和个人进行有效的帮扶。全国建档立卡数据分析表明大多数贫困户的致贫原因不止一个，是多个致贫因素综合作用的结果。考虑到致贫原因的综合性和差异性，扶贫部门采用了“政策组合拳”，既将短期和长期的扶持项目相结合，也将外在推进与内生发展相匹配，最终实现项目安排精准。例如，各地对有劳动能力的贫困家庭，重点通过培训来提高能力，同时扶持家庭的产业发展和就业来增加收入。对于完全丧失劳动能力或部分丧失劳动能力的贫困家庭，则需要通过资产收益扶贫和

社会保障来保证其基本生活，并通过合作医疗和大病保险（救助）来维持其基本的健康状况。对于生产和生活环境恶劣，“一方水土养活不了一方人”的地区，则重点通过易地移民搬迁来解决基本生存条件的问题，并对搬迁后的生产和就业进行重点扶持。对于所有贫困家庭，都需要帮助解决儿童的营养、健康和教育问题，以阻断贫困的代际传递。

3. 资金使用精准

优化财政扶贫资金的使用和管理，是精准扶贫的重要支撑。正如前文所述，在精准扶贫政策推出之前，扶贫资金管理制度存在种种问题。除了多头管理、缺乏有效的协调和沟通机制，以往的各类扶贫资金的管理方式缺乏足够的灵活性。上级政府为了保证资金安全，对资金用途、使用方式、扶持标准等做了明确的规定，以至于地方政府没有资金使用的自主权，加之许多扶贫项目直接到村到户，因其分散、零碎，扶贫部门甄别项目的成本较高，且缺乏实施项目的激励机制，直接导致扶贫项目效率不高，而出现项目配置不切实际、瞄准率不高、重点不突出的弊端。因此，资金使用精准旨在进一步完善我国扶贫资金管理体系，建立安全有效的监督体制，使得扶贫资金的分配、使用、拨付、财务管理和监督等都与精准扶贫的各项要求一致。这就要求将资金的分配和使用权下放给对贫困户状况最了解的基层政府，让其根据实际情况确定项目和分配资金。2015 年中央 1 号文件《中共中央国务院关于加大改革创新力度加快农业现代化建设的若干意见》明确提出“扶贫项目审批权原则上要下放到县，省市切实履行监管责任”。各地以中央一号文件作为纲领，出台扶贫资金管理改革方案，并从 2015 年开始将使用权下放到县，并要求县一级加强涉农资金的整合，集中力量打好扶贫攻坚战。2016 年，国务院办公厅下发了《关于支持贫困县开展统筹整合使用财政涉农资金试点的意见》，赋予了贫困县更多的资金整合权力。

4. 措施到户精准

以往的扶贫项目不仅难以到户，到户后效果也很差。例如乌蒙山片区项目总体到户率低于 30%，主要原因是贫困户面临缺技术、缺资金、缺市场信息、缺市场理念等障碍。措施到户精准与项目到户精准类似，是在考虑每个家庭的致贫原因之后，采取综合性的帮扶措施。不同的是措施到户精准重在突出运作的方式与方法，而项目到户精准更关注项目载体。因此，对于措施到户精准而言，新时期的扶贫措施需要进行更精准、更有效的革新。以产业发展为例，原本产业扶贫缺乏好的利益联结机制，贫困户与公司、合作社和大户等现代农村经营主体共同竞争，成功的案例较少。措施到户精准要求地方政府重点探索和建立贫困户的受益机制，保证扶贫效率到贫困户。如对一部分失去劳动能力和劳动能力较弱的贫困家庭，实施资产收益扶贫项目。将贫困地区的自然资源、公共资产（资金）或贫困户的土地和林地等资本化或股权化，交给公司、合作社和大户等经营主体进行经营，贫困户按照股份或特定比例获得分红收益。失能和弱能贫困户即使不参与项目的经营管理也能直接或间接受益。这种资产收益扶贫在很大程度上弥补了现有扶贫措施的不足，能显著提高扶贫到户的效率。而对于有劳动能力的贫困家庭，将贫困户纳入现代产业链中，通过企业、合作社、大户等其他经营主题带动贫困人口发展产业。经营主体提供产前、产中、产后服务，贫困人口只需要参与生产环节中相对比较简单的生产活动，这样就可以解决贫困户经常面临的信息、技术、资金、市场等方面的困难。在易地移民搬迁项目中，多地采用差异化的补贴政策，增加对建档立卡贫困户的建房补贴，同时通过控制建房标准来降低搬迁成本。在安置方式上，具备基本生产和生活条件的地方则优先选择有土安置方式，对于与城镇化结合的无土安置，则提供充足的就业岗位和完善的社会保障，确保“搬得出、稳得住、能致富”。在金融扶贫中，不局限于扶贫小额信贷的形式，各地积极探索金融扶贫的有效模式，通过信贷、保险和抵押市场的综合金融改革增加贫困户获得金融服务的能力。不断健全贫困地区金融组织体系，逐步完善金融基础设施，使得金融扶贫环境得以持续优化。

5. 因村派人精准

精准扶贫是一项复杂的系统工程，它的成功实施需要强有力的组织保障。大量的扶持项目和帮扶措施都需要由村一级组织来具体操作和实施，村级组织的能力是影响精准扶贫效果的关键因素之一。由于贫困村经济和社会发展相对滞后，大量年轻人外出就业，留在村里的普遍是“老弱病残”，青壮年劳动力缺乏，基层组织队伍更新缓慢，贫困村干部呈现年龄大、文化程度低、能力较弱的基本特征，贫困村的村级治理能力处于不断弱化的状态。依靠村级组织自身的发展和建设在短期内难以显著改善组织涣散的状态，从而给精准扶贫工作的落实带来挑战。从理论上讲，上级政府通过向贫困村选派"第一书记"和驻村工作队，使其成为村集体治理能力的重要补充，通过这种"输血式"组织建设补充，可以在短期内大幅度提高贫困村的管理水平，有利于精准扶贫工作的实施。驻村帮扶制度的确立可以在多个方面促进精准扶贫工作。一是利用驻村工作队对于精准扶贫政策的准确理解，帮助村"两委"改进贫困户的识别方法，协助解决识别过程中容易出现的矛盾；二是利用帮扶单位和个人的力量，从外部组织动员更多的资源，协调各方力量，共建精准扶贫的"大扶贫"格局；三是协助村"两委"建立有效的扶贫到户机制，深入贫困村中和贫困户家中进行摸底调研，准确了解贫困户需求，让贫困户真正享受到扶贫收益；四是作为一种外部制衡力量，可以对村级精准扶贫工作进行有效的监督，防止人情关系、弄虚作假和腐败行为的发生；五是在精准扶贫过程中培育贫困村干部的责任心和能力，增强贫困村的内生发展动力，"第一书记"和驻村工作队撤出以后，依靠贫困村自身的能力可以让其走上可持续发展道路。

6. 脱贫成效精准

精准扶贫的目的就是要使现有标准下的贫困人口到2020年全部脱贫，并且要保证扶贫成果真实可靠，具有可持续性。要达到脱贫成效精准，前面的五个精准是保障。在此基础上，还需要对脱贫效果进行科学的考核和评估，防止成果造假和贫困人口被脱贫现象的发生。国家统计局可以利用人口抽样调查数据每年对全国和各省总的减贫状况进行可靠的评估，从而为国家根据减贫效果调整扶贫政策提供决策依据，并制定相应的奖惩措施。由于样本量的限制，国家统计局无法利用抽样数据评估省以下地方政府的减贫成效，成为脱贫成效精准的一大遗憾。建档立卡贫困人口的脱贫状况则需要通过独立的抽查方式来进行核查和评估，其中精准扶贫第三方评估显得尤为重要。让独立的第三方充分参与脱贫成效精准的考核，标志着扶贫开发考核进入一个新阶段，改变了以往评估主体单一的问题，建立起一种扶贫开发内部评价与外部评价相结合的政府绩效评价体系，成为精准扶贫考核机制日趋完善的重要标志之一。第三方评估工作分为两个层面：一是对建档立卡贫困户的脱贫真实性进行评估，评估标准是看是否达到了“两不愁”“三保障”；二是对贫困县和贫困村的退出进行评估，看是否达到退出标准，如贫困县的退出标准是贫困发生率中、东部地区低于2%，西部地区低于3%。通过第三方评估，可以进一步制定明确和可量化的脱贫标准，建立贫困户脱贫和贫困村、贫困县（区）退出工作机制，并组织和动员社会力量参与贫困的动态监测、分析和评价，实现贫困人口的动态管理，确定贫困户调整出列的具体指标，兼顾各类致贫原因以及脱贫后返贫的可能性，确定合理的帮扶期限，确保到2020年，现行标准下农村贫困人口全部实现脱贫，贫困县全部摘帽。通过进一步明确第三方评估标准，确定明确的评估程序和相应的管理制度，使第三方评估具有合法性，并且在方法和指标可靠的情况下，防止“数字脱贫”“被脱贫”等问题发生。

三、精准扶贫的主要表现

传统的扶贫做法以基础设施建设为主，兼顾贫困地区产业发展以及贫困户自我发展能力的提升。自中央提出精准扶贫战略以来，扶贫工作发生了重大转变，在对象上以贫困人口精准识别为目标，强调措施精准到户到人；在内容上不仅关注贫困人口收入的提升，而且重视其他公共服务的改善；在方式上不局限于传统模式，创新了大量的做法。下文将对精准扶贫中的新观念、新做法与新模式进行详细论述。

（一）资产收益扶贫

资产收益扶贫是指将自然资源、公共资产（资金）或贫困户权益资本化或股权化，相关经营主体利用这类资产产生经济收益后，贫困村与贫困户按照股份或特定比例获得收益的扶贫项目。在精准扶贫、精准脱贫的方略下，资产收益扶贫以产业为平台，将自然资源、贫困户自有资源以及各类扶贫资金资产化；把经济实体以市场化的方式经营，并将收益落实到每个贫困户，为其带来可持续的财产性收入，从而达到持久脱贫的目标。对于具有劳动能力的贫困户，资产收益扶贫在强调收入增长和收益稳定的基础上，致力于提高贫困户参与度，增强脱贫的内生动力和可持续发展能力。对于失能、弱能贫困人口，资产收益扶贫着重于发挥“托底”效能，与社会保障制度相辅相成，合力使其摆脱贫困状况。资产收益扶贫具体体现为以下三类：

一是固定收益模式。固定收益的方式主要为资产出租和资金借贷的形式，项目收益为固定租金或利息，不与大户、合作社或企业的经营利润挂钩，不承担经营风险，但收益水平较低。固定收益模式的优点在于对监督机制要求较低，不需要政府或贫困户对企业经营行为进行专门的监控。

二是浮动收益模式。浮动收益模式一般采用资产入股，参与企业利润分红的模式。浮动收益模式一般在项目初期收益率水平较高。但扶贫资产占股比例、投资对象经营状况、市场风险等对收益有直接影响，可能造成贫困户收益的不稳定性。另外，政府能否通过灵活使用政策工具为扶贫资金获得更大的占股比例、能否有效地甄别收益率高且波动性小的项目成为影响项目成败的关键因素，这些都对政府的市场敏锐度和项目可行性研究提出更高的要求。同时，浮动收益对风险兜底机制和监督机制要求较高。在扶贫资产本身可用于村民生产的项目中，扶贫资产实现浮动收益的方式还包括经营主体减免贫困户服务费用。

三是间接收益模式。间接收益是指通过扶贫资金投资当地的产业，带动贫困户增加生产和就业，从而间接提高其收入水平。这主要是通过以下两个途径实现收入增长：其一，贫困户直接参与，增加工资收入和销售产品收入。大部分产业项目均通过吸引企业或大户投资当地产业创造就业岗位，吸收村内贫困户参与劳动，尤其是弱能贫困户，增加工资性收入。提供就业岗位的方式可以提高吸纳贫困户的务工收入，有效提高贫困人口的参与度，避免了贫困户产生“等、靠、要”的消极思想，促进项目的可持续发展。其二，技术溢出效应明显，贫困户获得一技之长。在资产收益项目中通过务工接触到了专业的现代农业管理和旅游服务等技能，有助于提升自我价值，摆脱土地束缚，提高家庭收入，促进贫困户自我能力的发展。

（二）电商扶贫

电商扶贫，就是以电子商务为手段，拉动网络创业和网络消费，推动贫困地区特色产品销售的一种信息化精准扶贫模式。《关于打赢脱贫攻坚战的决定》提到实施电商扶贫工程，具体措施包括加大“互联网+”扶贫力度，加快贫困地区物流配送体系建设，支持邮政、供销合作等系统在贫困乡村建立服务网点；支持电商企业拓展农村业务，加强贫困地区农产品网上销售平台建设；加强贫困地区农村电商人才培训；对贫困家庭开设网店给予网络资费补助、小额信贷等支持；开展互联网为农便民服务，提升贫困地区农村互联网金融服务水平，扩大信息进村入户覆盖面。

2015年11月国务院发布《关于促进农村电子商务加快发展的指导意见》，明确把电子商务纳入扶贫开发工作体系，以贫困村为工作重点，提升贫困户运用电子商务创业增收的能力，鼓励引导电商企业开辟革命老区和贫困地区特色农产品网上销售平台，与合作社、种养大户等建立直采直供关系，增加就业和增收渠道。总体而言，贫困地区电商扶贫重点在推进网络宽带建设、物流产业快递支撑、建设网络人才队伍、加强金融资金支持、注重扶贫试点等任务。随着电商行业的快速发展，越来越多的贫困地区探索出了符合本地实际的电商脱贫路径，如甘肃成县、吉林通榆、黑龙江明水和甘肃陇南等一批电商扶贫的县域先行者，这些地区的探索为县域电商扶贫提供了经验。

1. 推动网络基础建设

主要由政府投资推进宽带网络建设，扩大网络覆盖面积，为电商扶贫提供网络基础。近年来，政府实施了一系列措施如“宽带中国”战略，加快了农村信息基础设施建设，推动贫困地区光缆入乡、入村。作为信息化建设的目标，国家计划在“十三五”期间实现行政村通宽带和连片特困地区行政村互联网的全覆盖。各地积极推进了宽带网络建设，以响应“互联网+”的发展势潮。

2. 推进网络产业配套和服务平台建设

首先，各大电商平台的下乡战略为电商扶贫奠定基础。2016年1月，国务院扶贫办与京东集团签署了《电商精准扶贫战略合作框架协议》，重点在“产业扶贫、创业扶贫、用工扶贫、金融扶贫”四大行动中精准发力，将企业资源、业务能力与脱贫攻坚融为一体，以电子商务手段助力国家精准扶贫战略。其次，改善交通条件，建设物流基地，在贫困村设立物流服务站点。一

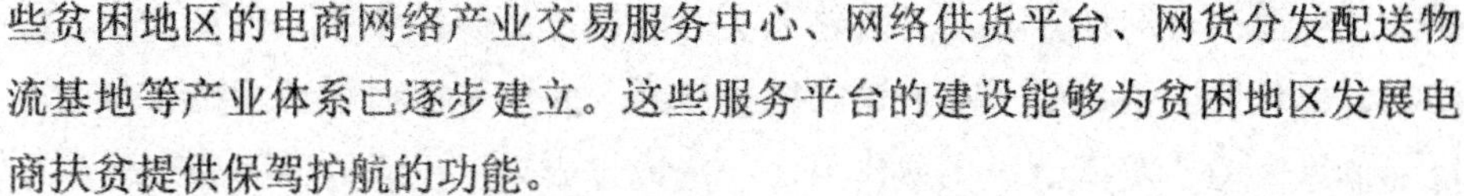

些贫困地区的电商网络产业交易服务中心、网络供货平台、网货分发配送物流基地等产业体系已逐步建立。这些服务平台的建设能够为贫困地区发展电商扶贫提供保驾护航的功能。

3. 网络人才队伍建设与培训

电商扶贫是新事物，在人力资本不足的贫困地区，专业人才培训显得尤为重要。逐步建立规范的人才培育体系，为贫困人口提供电商扶贫的系统培训和专项培训，采取课堂教学与现场观摩、专家理论讲解与店主现身说法相结合等多种形式。例如，甘肃省陇南市以陇南电商培训中心和陇南电商学院为基地，邀请国内电商专家、阿里巴巴集团淘宝大学的讲师到培训中心讲课，帮助贫困户提高网络经营管理技术水平。江西邮政联合地方扶贫办、商务部门成立专门的项目团队提供电商培训，并到浙江等发达省份进行现场交流学习和高校深造，并指导电商经营者收集、发掘农产品信息。鉴于电商经营者在销售宣传上能力的不足，通过项目团队为贫困村的农产品提供线上推广、文案策划、图文设计、包装寄递等全环节的服务，把农产品卖出更高的价格，实现贫困户增收致富。

4. 加强资金支持

电商扶贫作为十大工程之一，各级的专项扶贫资金给予了有力的支持，通过财政资金的引领、鼓励，带动更多企业和社会资本进入贫困地区的农村电商领域，助力贫困地区脱贫致富。一些地方将电商扶贫纳入扶贫小额信贷支持范围，对开办网店、从事网货生产销售的贫困户和带动贫困户生产销售网货产品、带动效果明显的企业和网店，给予免抵押、免担保，5 万元以下、期限 3 年以内的小额信贷支持，政府按基准利率贴息。开发精准脱贫产业保险，丰富邮政普惠金融服务体系和服务项目，为电商扶贫提供有力的金融服务支撑。引导和推广网上众筹等新型融资方式，丰富融资来源，拓宽融资渠道。

5. 推进试点示范

为促进农民增收，促成农村电商示范起步，2015 年国家商务部、财政部评选了 200 个电子商务进农村综合示范县，由中央财政计划安排 20 亿元专项资金进行对口扶持。这些资金主要扶持中西部的革命老区的农村电子商务发展，贫困县占比超过 43.5%，尤其是赣南、黔东、陇南、陕北等革命老区。

已开展电商扶贫的地方，大多数建立了电商扶贫部门协作机制以及考核评价机制。部分地区还把电子商务进农村工作列入乡镇和部门科学发展综合考评目标体系。为了发挥市场主体作用，一些地方成立了电商协会，规范电商行为，加强行业自律，每年评选表彰一批电商扶贫成效突出的“明星网店”和“诚信网店”并给予奖励；对销售假冒伪劣产品、损害电商扶贫形象的不良行为，采取相应惩罚措施。

（三）易地扶贫搬迁

易地扶贫搬迁是指将生活在自然条件恶劣、生态环境脆弱、不具备基本生产和发展条件、“一方水土养活不了一方人”的建档立卡贫困人口，按照自愿原则，将其搬迁到基础设施较为完善、生态环境较好的地方，从根本上改变贫困状况的一种扶贫方式。以前易地扶贫搬迁的对象，一是生活在缺乏生存条件地区的贫困人口，二是地质灾害严重区域的贫困户，三是居住分散导致开发成本较高区域的贫困户。2015 年，国家发展改革委、国务院扶贫办、财政部、国土资源部、中国人民银行五部门联合印发的《“十三五”时期易地扶贫搬迁工作方案》明确指出：“十三五”时期，易地扶贫搬迁对象主要是居住在深山、石山、高寒、荒漠化、地方病多发等生存环境差，不具备基本发展条件，以及生态环境脆弱、限制或禁止开发地区的农村建档立卡贫困人口。建档立卡贫困人口成为易地扶贫搬迁工作的首要对象，搬迁对象的精准化成为当前易地扶贫搬迁的特色。

易地扶贫搬迁是中央确定的“五个一批”精准脱贫工程的重要组成部分，是打赢脱贫攻坚战的“头号工程”。自 1982 年起，中央有组织、有计划地在“三西”（宁夏西海固，甘肃定西、河西）开展大规模扶贫开发，对不适宜人类生存的地区实施了移民，此后在“八七扶贫攻坚”阶段也实施了大规模的易地扶贫搬迁。到了精准扶贫阶段，中央提出要在“十三五”期间完成 1000 万建档立卡贫困人口搬迁任务。新阶段的易地扶贫搬迁与之前相比，搬迁方式上基本一致，都以集中安置为主、分散安置为辅，不同之处在于搬迁对象着重突出贫困人口，采取多种方式筹措资金，移民后续发展更加可持续。中央计划用五年时间对“一方水土养活不了一方人”地方的建档立卡贫困人口实施易地扶贫搬迁，力争在“十三五”期间完成1000万人口搬迁任务，帮助他们与全国人民同步进入全面小康社会。“挪穷窝”后续的“换穷业”“拔穷根”工作也将及时跟进。易地扶贫搬迁是实施精准扶贫、精准脱贫的有力抓手，是全面建成小康社会、跨越贫困陷阱的关键举措。

1. 安置方式多元化

实施易地扶贫搬迁是实现贫困地区城镇化、公共资源服务均等化、农业现代化的重要途径。从易地扶贫搬迁工作开始实施至今，基本延续着三种安置方式：一是进县城进园区；二是乡镇安置；三是中心村安置。进县城、进园区以及乡镇安置可称为城镇移民安置，这种方式将农村贫困人口集中安置在城镇，并配套医疗教育等资源，形成移民小区。城镇移民安置将移民搬迁与城乡一体化相结合，一步到位，在“拔穷根”的同时完成了“变市民”的过程，加快了城镇化进程。中心村安置依然在农村，不过会选择自然条件较好的地方。这种搬迁不会改变农户的生产模式，对农户生产生活冲击较小，维持了其原有社区形态，农户在新的环境中不需要融入，可以稳定迅速地展开新生活，西部地区如四川等省以这种安置方式为主。

2. 资金筹措多元化

以往的易地扶贫搬迁都是以财政资金为主，中央初步估算，“十三五”期间易地扶贫搬迁总投资约6000亿元，完全由财政资金难以支撑投资需求，为此，中央出台了相关政策，通过多渠道筹措解决搬迁资金。一是中央预算内投资。国家发展改革委统筹安排，将中央预算内易地扶贫搬迁资金分年度下达地方，总规模约800亿元，年度平均规模160亿元，主要用于建档立卡贫困人口安置住房建设补助。二是专项建设基金。由国家开发银行、农业发展银行向邮政储蓄银行定向发行专项建设债券筹集设立专项建设基金，总规模500亿元，以各地建档立卡贫困人口搬迁规模为依据，分省控制规模，以资本金形式注入省级投融资主体，专项用于支持易地扶贫搬迁安置住房、安置区配套基础设施和公共服务设施等建设，省级投融资主体负责偿还所注入的基金。三是地方政府债务。各省根据地方政府债务结构，发行地方政府债券筹集资金，作为项目资本金注入省级投融资主体，总规模1000亿元。目前，已有12个省份发行地方政府债券，其中大部分采取的是分批发债方式。四是长期信贷资金。主要通过国家开发银行、中国农业发展银行发行政策性金融债券筹集，由承担易地扶贫搬迁任务的省级投融资主体负责承贷，总规模3500亿元，中央财政对贷款给予90%的贴息。2016年，财政部、国务院扶贫办出台了《关于做好易地扶贫搬迁贷款财政贴息工作的通知》，明确提出中央财政对纳入易地扶贫搬迁规划的建档立卡贫困人口人均不超过3.5万元搬迁贷款的实际贷款发生额予以贴息。五是贫困户自筹资金。由搬迁对象依据自身经济条件自筹解决，中央要求户均不超过1万元。对于鳏寡孤独残等特殊困难群体，可不要求住房建设自筹资金。例如，河北省的建档立卡贫困人口人均自筹0.3万元，同步搬迁的非建档立卡人口人均自筹1万元，特困供养贫困人口减免自筹资金。

3. 后续扶持政策多元化

易地扶贫搬迁既要“挪穷窝”，也要“换穷业”“拔穷根”，最终目的是通过彻底改善搬迁贫困群众生活居住环境和生产发展条件以实现稳定脱贫。以往易地扶贫搬迁的后续扶持方式较为单一，很难实现“稳得住、能发展”的目标，精准扶贫阶段的易地扶贫搬迁统筹搬迁安置与后续发展，出现了不少卓有成效的创新。

其一是资产收益扶持方式。广西将易地扶贫搬迁贫困人口的后续扶持与资产收益扶贫结合起来，具体措施有：一是将迁出地土地承包经营权、林权、宅基地使用权直接流转或折股量化到移民户，就地发展产业或物业经济。二是将移民安置点的商铺、厂房、停车场等营利性物业产权量化到移民户，推行物业合作社。三是将国家、自治区补助资金折股量化到移民户后，直接投入龙头企业、合作社或经济能人，移民按股分红，增加移民财产性收入。四是建立健全县、乡、村和就业用工单位四级信息网络，提供政策咨询、就业指导和职业介绍等服务，确保移民户至少有一人实现就业。五是探索建立失业金使用机制，盘活和运作失业金用于贴息贷款，提高失业补助标准，对移民给予小额信用贷款、助业贷款等金融扶持政策。

其二是特色产业扶持方式。各地利用当地的自然资源和条件开发特色产业，不再局限于农业产业。重庆市将发展乡村旅游作为重要的扶贫方式，对全市700余个安置点每个补助特色产业资金10万元以上，对搬迁建档立卡贫困

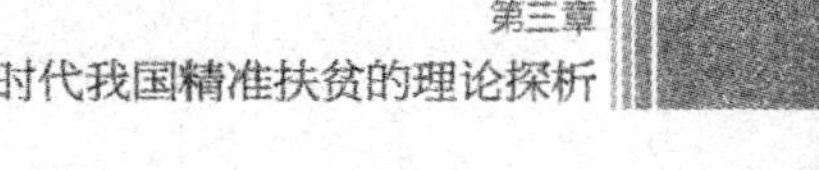

户发展乡村旅游和特色产业给予专项资金补助。安徽省把促进易地搬迁的贫困人口就业创业和推进小城镇建设紧密结合起来，支持发展农产品加工、休闲农业、乡村旅游、农村服务业等劳动密集切产业，创造更多就业岗位。河南省依托旅游景区及周边安置区，大力发展乡村旅游，实现农民下山、游客进山。

（四）教育扶贫

教育扶贫是指针对贫困地区的贫困人口进行教育投入和教育资助，使贫困人口掌握脱贫致富的知识和技能，通过提高受教育人口的科学文化素质以促进收入的增长，并最终摆脱贫困的一种扶贫方式。教育扶贫的内涵随着经济社会的发展而逐步扩展，从我国教育扶贫政策的演变来看，教育扶贫已经从普及初等教育和扫除农村青壮年文盲，逐步扩展到涵盖基础教育、职业教育、高等教育和继续教育等多层次、多类型教育在内的政策体系。治穷先治愚，扶贫先扶智，实施精准教育扶贫，保证每一个贫困家庭孩子都能掌握一技之长，都能享受优质教育资源，是从根本上实现贫困人口脱贫致富、遏制贫困代际传递的重要途径。

根据建档立卡的数据分析，在全国层面有22.4%的贫困户因缺技术致贫。以“雨露计划”为核心的教育扶贫措施已经实施多年，在精准扶贫阶段，教育扶贫的重要性被不断加强。2013年7月，多部门联合下发了《关于实施教育扶贫工程的意见》，其中明确提出“把教育扶贫作为扶贫攻坚的优先任务”。2013年12月，中共中央办公厅、国务院办公厅发布的《关于创新机制扎实推进农村扶贫开发工作的意见》对我国教育扶贫作出了战略创新部署，其中要求全面实施教育扶贫工程，科学布局贫困地区基础教育、职业教育培训，大力发展现代职业教育，办好一批中、高等职业学校，支持一批特色优势专业，培育当地产业发展需要的技术技能人才。要求全国高校招生指标要向贫困地区倾斜，完善职业教育对口支援机制，东部高校要对口支援贫困地区人才培养计划，实施中等职业教育协作计划，支持贫困地区初中毕业生跨地区接受职业教育等系列教育扶贫举措。2015年，中央扶贫开发工作会议通过的《中共中央国务院关于打赢脱贫攻坚战的决定》，提出要着力加强教育脱贫，实施教育扶贫工程，将“发展教育脱贫一批”作为五大精准扶贫、精准脱贫的重要途径之一。至此，教育扶贫成为国家精准扶贫战略的重要组成部分，成为促进贫困地区和贫困家庭彻底摆脱贫困的治本之策。

1. 幼儿园帮扶计划

全面加强贫困地区基础教育，提高基础教育普及程度和办学质量。具体措施是通过财政补助推动贫困地区公办幼儿园的全覆盖。通过改善办园条件、支付租金、改善教师待遇、开展教师培训等方式支持贫困地区多元普惠性幼儿园发展，提高贫困地区普惠性学前教育资源覆盖率，确保贫困地区儿童有机会接受一定质量的学前教育。

2. 义务教育薄弱学校帮扶计划

帮助贫困地区学校改善基本办学和生活条件，让贫困地区少儿享受到更加公平的优质教育。多部门联合精准实施“全面改薄”工程，对贫困地区每所中小学校进行摸底排查，按照“一校一册”“一校一图”科学编制学校建设规划，准确建立每所薄弱学校的需求清单和建设台账。通过统筹“全面改薄”等教育专项资金，重点向贫困地区倾斜投入，解决“大通铺”“大班额”问题，进一步完善贫困地区的村小学和教学点。自2001年起，中央和各地方财政累计投入专项资金1700多亿元，全面改善贫困地区义务教育薄弱学校的基本办学条件，惠及3000多万名农村贫困学生。

3. 高中阶段教育帮扶计划

帮助贫困地区加快普及高中阶段教育，进一步提高贫困地区劳动者素质。通过统筹各级各类普通高中建设项目资金，重点支持贫困县新建、改扩建一批普通高中学校，提高普通高中阶段教育普及率，解决办学条件差、经费投入不足、师资队伍不稳定的问题。

4. 职业教育帮扶计划

围绕特色优势产业和基本公共服务需求，帮助贫困地区加快发展现代职业教育，提高贫困地区人口素质和就业能力，充分发挥职业教育在扶贫民中的中坚作用，解决贫困地区发展“造血机制”不足的问题。例如，贵州省实施全覆盖高精准职教脱贫项目，联合教育、人社、扶贫部门挑选100所职业院校挂牌建设扶贫基地，以进村入户培训、工学结合、订单培养等培训模式，对全省120万建档立卡贫困户实行“1户1人1技能”职业教育帮扶。甘肃省通过扩大

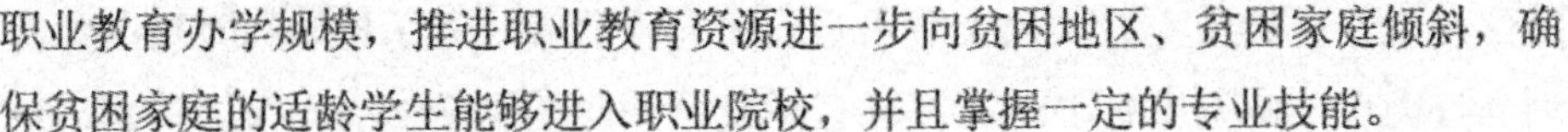

职业教育办学规模，推进职业教育资源进一步向贫困地区、贫困家庭倾斜，确保贫困家庭的适龄学生能够进入职业院校，并且掌握一定的专业技能。

5. 高等教育帮扶计划

一方面，加大全国各高校在贫困地区的招生倾斜力度，建立保障农村和贫困地区学生上大学的长效机制，实施农村贫困地区定向招生专项计划、地方重点高校招收农村学生专项计划，增加贫困地区学生高等教育入学机会。另一方面，提高中、西部地区高等教育质量，包括支持高校开展优势特色学科专业及相关平台建设，加大对高校引进高层次人才的支持力度，帮助提升人才培养和科技创新水平，充分发挥高等教育在扶智富民中的作用。

6. 特殊教育帮扶计划

完善贫困地区特殊教育体系主要包括两个部分：一是推进贫困地区特殊教育学校建设；二是完善特殊教育经费保障机制，使贫困地区残疾儿童接受合适的教育。例如，广西壮族自治区对未入学残疾儿童进行上门入户大排查，根据残疾程度采取适当的方式解决残疾儿童接受义务教育问题，做到“一人一案”，并落实义务教育阶段特殊教育学校和随班就读残疾学生的公用经费财政拨款标准达到每人每年6000元。

7. 学生学业帮扶计划

学业帮扶主要从以下三个方面入手：一是稳步推进贫困地区学生营养改善计划，加快贫困地区学校伙房或食堂等生活配套设施的建设，提高学生的营养健康水平；二是健全贫困地区学生资助政策，完善贫困地区义务教育家庭经济困难寄宿生生活费补助政策，免除建档立卡贫困户幼儿入园和普通高中的学杂费，并对家庭经济困难学生提供生活补助；三是完善职业教育资助政策，实施好对贫困地区中等职业学校符合条件的学生按国家规定实行免学费和给予国家助学金补助的政策。广西壮族自治区为实现对建档立卡贫困户在学子女享受资助情况的精准管理和全程跟踪，开发了“全区精准扶贫学生资助管理信息系统”，与建档立卡贫困人口数据库进行多轮数据对比，形成了完整有效的全区农村建档立卡贫困户子女就读信息数据库。

8. 教师队伍帮扶计划

为解决贫困地区师资力量薄弱这一根本问题，政府强化了对贫困地区教师队伍培养的政策支持，加大贫困县农村义务教育阶段学校教师特设岗位计划支持力度，向贫困县乡村义务教育学校教师发放生活补助，帮助贫困地区培养“下得去、留得住、教得好”的好老师，为贫困地区教育发展提供坚实的保障。例如，甘肃省对贫困县的乡村学校教师在职称评聘、培训进修、评优提职等方面进行倾斜。鼓励退休教师到贫困地区乡村幼儿园、中小学开展支教。每年选派400名省内高校优秀大学生以“顶岗实习”形式赴藏区开展为期半年的双语教学支教活动。每年选派200名城市中小学校长，到贫困地区农村学校开展不少于一学期的挂职。每年选派1400名城市优秀教师，到边远贫困地区、民族地区和革命老区农村学校，开展不少于一年的支教，保证城乡教师、校长合理流动。

9. *劳动力就业培训计划*

劳动力就业培训以“雨露计划”为基础，帮扶的对象主要有两个群体：一是在职业技能学历教育方面，以贫困户“两后生”① 为主要对象，通过中等职业学校和技工学校学历教育，培养持有中等职业教育学历证书和国家职业资格证书的“双证”型技术技能人才。二是在职业培训方面，将一部分有劳动能力的贫困人口纳入职业培训补贴对象范围，使其接受非农就业的短期技能培训。对于从事农业生产、经营和服务的贫困劳动力，则围绕种植、养殖、农产品加工等重点产业，开展生产经营型、专业技能型和社会服务型等培训，使其逐渐转变为新型职业农民。

（五）社会保障兜底

社会保障兜底重点救助的对象是因病残、年老体弱、丧失劳动能力以及生存条件恶劣等原因造成常年生活困难的农村居民。毕竟对于完全或部分丧失劳动能力的贫困人口而言，依靠自身努力很难如期脱贫，只有通过社会保障给予直接的补助，才能帮助他们脱贫。我国农村社会保障制度的发展一直滞后于城市社会保障制度。早期政府对农民实施的社会保障主要立足于农民自我保障，改革开放之后则打破了相对封闭的自我保障体系。具体而言，在

① 两后生，是指初中、高中毕业后未考取大中专院校，又不愿再复读的学生。

计划经济时期，土地公有制和人民公社体制的建立，形成了集体经济的主导地位，从而形成了农村集体保障，主要是“五保户”救济、救灾救济、合作医疗。由于经济水平很低，当时的保障水平只是最低限度的生存保障，与城镇保障水平相差极大。自改革开放以来，家庭联产承包责任制瓦解了农村集体经济，动摇了传统的农村社会保障的经济基础。农村的深度改革催生了新型的农村低保、养老保险、合作医疗制度等社会保障措施，逐步形成了独立于家庭经济之外的农村社会保障系统。此前，农村社会保障体系并没有对贫困人口给予特殊照顾，而且扶贫开发政策主要针对的是“在扶贫标准以下具备劳动能力的农村人口”，还有大量部分或全部丧失劳动能力的贫困人口无法通过扶贫开发增加收入摆脱贫困。在这种背景下，习近平总书记在2015年召开的中央扶贫开发工作会议上提出“社会保障兜底一批”，将社会保障列为实施精准扶贫的重要方略之一。社会保障兜底扶贫主要包括两个方面：一是农村最低生活保障制度；二是“三留守”和残疾人员关爱政策。

1. 农村低保与精准扶贫相衔接

在扶持标准衔接方面，大部分贫困地区的低保标准低于贫困线，农村最低生活保障标准是按照农村居民基本生活费用支出所制定的，未达到国家扶贫标准的省（市、区）正在加大省级财政统筹力度，逐年提高农村低保标准，到2020年达到贫困标准。对于达到国家扶贫标准的省份，中央要求其按照量化调整机制科学调整，建立社会救助和保障标准与物价上涨挂钩联动机制，确保不低于根据物价指数等因素按年度动态调整后的国家扶贫标准。贵州省黔西南州的农村低保标准在2016年达到3076元，已高于扶贫标准，现阶段的工作就是跟踪调整低保标准，保证贫困群众基本生活水平不降低。河北省的《关于发布全省农村最低生活保障标准调整预警信息的通知》要求各地将扶贫线和低保线“两线合一”，通过适当调整标准，将低保标准提高到扶贫标准以上，并实行动态管理，始终保持低保标准高于扶贫标准。

在帮扶对象衔接方面，一是实行分类管理。通过家庭经济收入调查，按照精准扶贫对象和农村低保对象识别工作要求分别建档立卡。凡家庭人均纯收入低于农村扶贫标准的家庭，纳入建档立卡贫困户；凡家庭人均纯收入低于农村低保标准的家庭，纳入农村低保范围。二是实施精准动态管理。广西壮族自治区以“五关两公示”严格规范低保审核审批程序，即群众申请关、入户调查关、民主评议关、公示监督关、审核确认关，审核结果公示以及审批结果公示。同时对于已经被识别为贫困人口的低保对象，继续纳入低保范围；对于被识别为不是贫困人口的低保对象，以及被识别为贫困人口但还没有纳入低保范围的对象，严格按照低保对象的认定标准，全部进行复核复审，凡是符合低保条件的贫困人口全部纳入保障范围，不符合条件的对象全部清退，实现“应保尽保，应退尽退”。贵州省对于农村低保对象的确定按照“三环节”（申请核评环节、审核环节、审批环节）、“十步骤”（申请受理、调查核实、民主评困、一榜公示、乡镇农村低保经办机构审查、乡镇人民政府审核、二榜公示、县级人民政府民政部门审批、三榜公示、待遇批准）的程序进行。

2. “三留守”和残疾人关爱政策

如今贫困村青壮年劳动力大量外流，村内丧失劳动能力和劳动能力较弱的“留守”人员多，“留守贫困人口”的脱贫问题和村级治理能力建设成为扶贫工作的难点。在精准扶贫战略提出之后，各地出台一系列的政策措施，加强了对留守人员和残疾人员的帮扶。

首先，开展留守儿童心理辅导和行为矫正，降低留守儿童心理行为问题发生率和儿童精神疾病患病率。在贫困村建设为儿童及其家庭提供游戏、娱乐、教育、卫生、社会心理支持和转介等服务的“儿童之家”。一些地区组织乡村干部、农村党员和青年志愿者、社会组织对留守儿童进行结对关爱服务，定期开展围绕学业辅导、亲情陪伴、自护教育等关爱帮扶活动。

其次，各省、市、县一方面加大对“农村幸福院”等农村互助型养老服务设施的投入力度和运营保障，满足农村留守老人日间照料、文化娱乐等方面的需求；另一方面组建关爱农村家庭互助队伍，积极发动社会组织、社工参与关爱农村留守老人工作，及时为农村留守老人提供必要的帮助和关怀。

再次，一些留守妇女集中的地区通过大力发展优势特色产业，加大就业创业扶持，提供技能培训、项目开发、税费减免、贷款贴息、跟踪指导等资金、技术支持，吸纳带动留守妇女创业就业，提高她们的经济收入。同时，多部门建立了合作机制，针对留守妇女遭遇性骚扰、家庭暴力等问题加大了预防、救助力度，并加大对拐卖妇女犯罪行为的打击力度，加强被解救妇女

身心康复和回归社会的工作。

最后，各地出台相关文件，加大了对残疾人的帮扶力度。广西通过推进“党员扶残温暖同行”、农村残疾人扶贫基地、农村贫困残疾人实用技术培训、“阳光家园计划”、残疾人居家无障碍改造、贫困成人残障者康复等六项工程建设，帮扶贫困残疾人脱贫致富。有的省份将符合低保、医疗救助、临时救助条件的残疾人都纳入相应的保障范围，并对重度残疾人和贫困残疾人参加养老保险和基本医疗保险给予保费补贴，优先保障残疾人基本住房。

（六）健康扶贫

《中共中央国务院关于打赢脱贫攻坚战的决定》明确提出，要开展医疗保险和医疗救助脱贫，实施健康扶贫工程，保障农村贫困人口享有基本医疗卫生服务，努力防止因病致贫、因病返贫。健康扶贫工程的核心就是要让贫困地区农村的贫困人口“看得起病、看得好病、看得上病、少生病”。根据全国建档立卡贫困人口数据分析，因病致贫、因病返贫贫困户有 1256 万户，占建档立卡贫困户总数的 42.1%。因病致贫成为各地区最主要的致贫原因，也成为精准脱贫的一大难点。

我国始终将改善贫困地区医疗卫生条件、保障贫困人口获得优质的医疗资源作为扶贫工作重要内容和基本手段。2016 年 4 月，国家卫计委印发《关于开展建档立卡农村贫困人口因病致贫因病返贫调查工作的通知》，要求各地开展精准扶贫建档立卡贫困人口“因病致贫、因病返贫”调查工作，为健康扶贫各项政策的全面实施打好基础。2016 年 6 月 8 日，国务院常务会议部署实施健康扶贫工程，补上贫困地区医疗服务的“短板”，解决农村贫困人口因病致贫和返贫问题，为此提出了“减轻农村贫困人口医疗负担”“对患大病和慢性病的农村贫困人口进行分类救治”等五项举措。同年 6 月，15 个部门联合发布《关于实施健康扶贫工程的指导意见》，对健康扶贫工程的实施做出指导性的制度安排，进一步明确了实施健康扶贫工程的总体要求、重点任务和保障措施，为因病致贫的贫困人口精准脱贫提供了政策保障。

1. 提高医疗保障水平

第一，加快完善基本医保制度，对农村贫困人口实行政策倾斜。各地基本实现新型农村合作医疗和大病保险制度覆盖所有建档立卡贫困人口并实行政策倾斜。财政补贴新农合个人缴费部分，新农合门诊统筹覆盖所有贫困地区。各地正在逐步降低大病保险起付线、提高大病保险报销比例等，实施更加精准的支付政策。2016 年初，国务院发布《关于整合城乡居民基本医疗保险制度的意见》，要求整合城乡居民基本医保制度，财政补助由每人每年 380 元提高到 420 元。基本公共卫生服务经费财政补助从人均 40 元提高到 45 元，促进医疗资源向基层和农村流动。另外，加大了农村贫困残疾人康复服务和医疗救助力度，逐步扩大纳入基本医疗保险范围的残疾人康复项目。

第二，加大医疗救助、临时救助力度。2015 年，民政部等部门发布《关于进一步完善医疗救助制度全面开展重特大疾病医疗救助工作的意见》，将农村贫困人口全部纳入重特大疾病医疗救助范围，进一步减轻贫困患者大病造成的负担。对突发重大疾病暂时无法得到家庭支持、基本生活陷入困境的患者，加大临时救助帮扶力度，积极发动慈善组织等社会力量进行救助。同时，搭建政府救助资源、社会组织救助项目与农村贫困人口救治需求对接的信息平台，引导、支持慈善组织、企事业单位和爱心人士等为患大病的贫困人口提供慈善救助。

2. 控制大病医疗费用

第一，实行县域内农村贫困人口住院先诊疗后付费。各地的定点医疗机构设立了综合服务窗口，实现基本医疗保险、大病保险、疾病应急救助、医疗救助“一站式”信息交换和即时结算，贫困患者只需在出院时支付自付医疗费用。

第二，推进分级诊疗制度，加大医保控费力度。分级诊疗制度的目的在于提高县、乡两级的医疗水平，具体措施包括加强贫困地区县域内常见病、多发病相关专业和有关临床专科建设，同时探索通过县乡村一体化医疗联合体等方式，提高基层服务能力，发展目标是到 2020 年使县域内就诊率提高到 90% 左右，基本实现大病不出县。在控制贫困人口治疗费用方面，各地逐步推进医疗支付方式改革，强化基金预算管理，完善按病种、按人头、按床日付费等多种方式相结合的复合型支付方式，有效控制了医疗费用。

3. 对大病和慢性病进行分类救治

第一，核准因病致贫、因病返贫家庭数及患病人员情况。分类救治的前提是摸清底数，其政策措施是以县为单位，依靠基层卫生计生服务网络，核准农村贫困人口中因病致贫、因病返贫家庭数及患病人员情况，建立农村贫困人口因病致贫、因病返贫管理数据库，实行动态管理。

第二，建立贫困人口健康卡并实行签约服务。仿效贫困识别的建档立卡工作，为每个贫困人口建立一份动态管理的电子健康档案，建立贫困人口健康卡。同时推动基层医疗卫生机构为农村贫困人口家庭提供基本医疗、公共卫生和健康管理等签约服务。

第三，对需要治疗的大病和慢性病患者实行分类救治。根据贫困人口的患病情况，对大病和慢性病贫困患者实施分类治疗。能一次性治愈的，如白内障、小儿先天性心脏病等，组织专家集中力量实施治疗。对于一些疾病负担较重、社会影响较大、疗效确切的大病进行集中救治，制订诊疗方案，明确临床路径，控制治疗费用，减轻贫困大病患者费用负担。需要住院维持治疗的，如尿毒症等，由就近具备能力的医疗机构实施治疗。需要长期治疗和康复的，如高血压等，由基层医疗卫生机构在上级医疗机构指导下实施治疗和康复管理。

4. 提高健康水平

第一，加大对贫困地区传染病、地方病、慢性病的防控力度。各地根据病种实施不同的防控措施。例如，对于肿瘤病的防治是加强随访登记及死因监测，扩大癌症筛查和早诊早治覆盖面。对于精神障碍患者，则在筛查登记之余，加强救治救助和服务管理。对于碘缺乏病，则采取政府补贴运销费用或补贴消费者等方式，让农村贫困人口吃得上、吃得起合格碘盐，继续保持消除碘缺乏病状态。地方病的防治更具有特殊性，例如氟、砷超标的地区，重点在于建设降氟降砷改水工程，目前已经基本控制地方性氟、砷中毒危害。大骨节病和克山病等重点地方病经过多年的防治已得到有效的控制。在传染病防治方面，加大了人畜共患的防治力度，基本控制了西部农牧区棘球蚴病流行，有效遏制了布病流行。另外，加强了对结核病疫情严重的贫困地区防治工作的业务指导和技术支持，开展重点人群结核病主动筛查，规范诊疗服务和全程管理，进一步降低贫困地区结核病发病率。在艾滋病疫情严重的贫困地区建立防治联系点，加大防控工作力度。

第二，加强贫困地区妇幼健康工作。在贫困地区全面实施免费孕前优生健康检查、农村妇女增补叶酸预防神经管缺陷、农村妇女“两癌”（乳腺癌和宫颈癌）筛查、儿童营养改善、新生儿疾病筛查等项目，推进出生缺陷综合防治。建立残疾儿童康复救助制度，逐步使0～6岁视力、听力、言语、智力、肢体残疾儿童和孤独症儿童免费得到手术和辅助器具配置以及康复训练等服务。加强贫困地区孕产妇和新生儿急、危重症救治能力建设，加强农村妇女孕产期保健，保障母婴安全。加大对贫困地区计划生育工作的支持力度，坚持和完善计划生育目标管理责任制，加大对计划生育特殊困难家庭的扶助力度。

第三，深入开展贫困地区爱国卫生运动。加强卫生城镇创建活动，持续深入开展环境卫生整洁行动，统筹治理贫困地区环境卫生问题，开展贫困地区农村人居环境改善行动，有效提升贫困地区人居环境质量。将农村改厕与农村危房改造项目相结合，加快农村卫生厕所建设进程。加强农村饮用水和环境卫生监测、调查与评估，实施农村饮水安全巩固提升工程，推进农村垃圾污水治理，加强大气污染、地表水环境污染和噪声污染综合治理。加强健康促进和健康教育工作，广泛宣传居民健康素养基本知识和技能，提升农村贫困人口健康意识，使其形成良好的卫生习惯和健康的生活方式。

（七）金融扶贫

狭义的金融扶贫是指金融机构为贫困地区、贫困户提供信贷资金支持。金融扶贫伴随着农村金融改革，其内涵不断深化。参与主体由银行业扩展到券商、保险机构、信托机构、风险投资基金等新型金融机构，甚至区域商品交易市场、区域股权市场等也被纳入金融扶贫的主体。金融扶贫产品由扶贫贷款贴息发展到风险奖补、担保抵押体系、农业保险、扶贫产业发展基金、地方债券等多种产品。

自2003年起，中央推动农村金融组织体系改革，取得了一系列成效，农村金融体系不断完善，涉农贷款投放不断增加，金融市场支持力度显著增强。与此同时，近年来我国金融扶贫也进行了一系列的实践和探索，取得了一些阶段性成果，金融扶贫政策体系不断建立健全。在2015年中央扶贫开发工作

会议上，习近平总书记明确提出“要做好金融扶贫这篇文章，加快农村金融改革创新步伐”。如今各地区、各金融机构积极探索金融扶贫的有效模式，形成了一批可复制可推广的经验和做法，贫困地区金融组织体系不断健全，信贷投放增长加快，金融基础设施逐步完善，金融生态环境持续优化。

1. 健全金融组织体系

多元化的组织体系是金融扶贫的基础。金融机构通过发挥各自比较优势，形成功能互补、分工协作的支持合力，为扶贫开发工作提供了全方位的金融服务。国家开发银行成立扶贫金融事业部，通过精准支持措施、精准管理手段、精准信贷服务缓解贫困地区发展的资金瓶颈制约，为打赢脱贫攻坚战提供有力的支撑和保障。农业发展银行也进一步加大对农村基础设施和农业发展的信贷支持。县域国有商业银行的信贷资源配置力度得以加大，使之能够满足涉农大客户的信贷需求。根植于农村社区的农村信用社重点在于支持新型家庭经营主体，以发挥支农主力军的作用。为了推进参与主体的多元化，政府逐步放宽新型农村金融机构的准入条件，支持鼓励民间资本设立面向农村的村镇银行、资金互助社、小额贷款公司、融资性担保公司。鼓励政策性银行和商业银行以入股或者批发贷款的形式支持新型农村金融机构为扶贫龙头企业、专业合作社和贫困户提供金融服务。

2. 促进金融资源回流

贫困地区金融资源外流，金融供给不足一直是制约贫困地区金融扶贫的重要因素。政府出台了相关政策，强化了以贷存比为主要内容的县域金融考核体系，对在县域吸收存款的金融机构，制定明确的提高贷存比目标，引导存款向贷存比高、支农力度大的金融机构流动，探索“存贷挂钩、以存引贷”的金融资源管理模式。银行业金融机构响应政策的号召，单列扶贫产业信贷计划。为了加大贫困地区的金融供给，一方面设立扶贫再贷款，针对带动建档立卡贫困户脱贫的企业和合作组织等，实行比支农再贷款更优惠的利率，重点支持贫困地区发展特色产业和贫困人口就业创业；另一方面由国家开发银行和中国农业发展银行发行政策性金融债，按照微利或保本的原则发放长期贷款，中央财政给予 90% 的贷款贴息，专项用于易地扶贫搬迁，“十三五”期间发行 3500 亿元左右。

3. 发展扶贫小额信贷

扶贫小额信贷是金融机构为扶持有贷款意愿、有就业创业潜质、技能素质和一定还款能力的建档立卡贫困户发展生产或提高自我发展能力而发放的财政专项扶贫资金给予贴息支持的数额较小的贷款。新一轮扶贫攻坚以来，中央出台了一系列政策，加大对扶贫小额贷款的财政资金贴息力度，提高贴息标准，并延长贴息年限。2014 年年底，国务院扶贫办、财政部、中国人民银行、银监会和保监会 5 个部门印发《关于创新发展扶贫小额信贷的指导意见》，为建档立卡贫困户提供“5 万元以下、期限 3 年以内”的扶贫小额信贷产品。

4. 逐步完善金融基础设施

各地采取一系列措施，加强贫困地区支付体系建设，如实施“金融服务进村入社区工程”，大力推广“农金村办”模式，推动结算账户、支付工具、支付清算网络的应用。同时在贫困地区的行政村建立“三农金融服务室”，在辖区加强开展相关金融知识、金融产品的宣传培训推介工作，协助有关金融部门和金融机构为农户提供基本的金融服务，打通贫困地区农村金融服务“最后一公里”。推进“阳光信贷工程”，实行办贷过程阳光化、透明化，简化信贷审批手续，提高信贷服务效率。

5. 开展信用体系建设

贫困地区在金融扶贫的政策指导下，逐步完善了县、乡、村三级信用体系。金融机构把扶贫龙头企业和农民专业合作社全部纳入信用评定范围，将信用评定结果与对经营主体的贷款授信结合起来。对于其中条件较好的农民专业合作社，根据其生产经营规模、成员户数以及整体偿债能力等，对合作社及其成员进行综合授信。对评级授信的龙头企业、合作社和系统自动评分等级较高的贫困户，在同等条件下享受贷款优先、利率优惠、额度放宽、手续简化的待遇。

6. 建立健全风险分散机制

金融扶贫风险分散机制是做好精准扶贫金融服务的保障。一是发挥存款保险制度的积极作用，当个别金融机构经营出现问题时，使用存款保险基金依法对存款人进行及时偿付，保障存款人权益。二是健全农村担保体系，建立健全农村信用担保基金，鼓励有条件的地方设立政府性担保基金，规范政

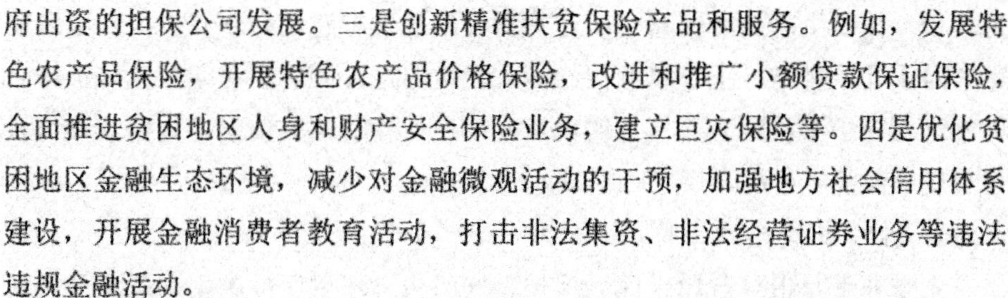

府出资的担保公司发展。三是创新精准扶贫保险产品和服务。例如，发展特色农产品保险，开展特色农产品价格保险，改进和推广小额贷款保证保险，全面推进贫困地区人身和财产安全保险业务，建立巨灾保险等。四是优化贫困地区金融生态环境，减少对金融微观活动的干预，加强地方社会信用体系建设，开展金融消费者教育活动，打击非法集资、非法经营证券业务等违法违规金融活动。

（八）生态扶贫

生态扶贫是指把扶贫工作和生态环境保护有机结合起来，实现两者的良性互动，达到生态文明建设与扶贫开发协调发展。“五个一批”工程就有“生态补偿脱贫一批”，具体措施包括加大贫困地区生态保护修复力度、增加重点生态功能区转移支付、扩大政策实施范围、让有劳动能力的贫困人口就地转成护林员等生态保护人员。2016 年国务院办公厅发布的《关于健全生态保护补偿机制的意见》，指出将生态保护补偿与实施主体功能区规划、西部大开发战略和连片特困地区脱贫攻坚等有机结合，逐步提高重点生态功能区等区域基本公共服务水平，促进其转型绿色发展，结合生态保护补偿推进精准脱贫。在生存条件差、生态系统重要、需要保护修复的地区，结合生态环境保护和治理，探索生态脱贫新路子。

党的十八大以来，建设生态文明、保护生态环境的观念不断增强。2014 年 3 月，习近平总书记在谈到生态环境保护和发展的关系时指出：正确处理好生态环境保护和发展的关系，是实现可持续发展的内在要求，也是推进现代化建设的重大原则。绿水青山和金山银山绝不是对立的，关键在人，关键在思路。保护生态环境就是保护生产力，改善生态环境就是发展生产力。让绿水青山充分发挥经济社会效益，不是要把它破坏了，而是要把它保护得更好。据统计，95% 的贫困人口和大多数贫困地区分布在生态环境脆弱、敏感和重点保护的地区。14 个连片特困地区与 25 个国家重点生态功能区高度重合。生态环境是经济发展和人类生存的生命线，要打赢脱贫攻坚战，实现经济社会可持续发展，必须坚持保护生态，实现绿色发展；牢固树立绿水青山就是金山银山的理念，把生态保护放在优先位置，扶贫开发不能以牺牲生态为代价，探索生态脱贫新路子，让贫困人口从生态建设与修复中得到更多实惠。对于那些有良好生态资源但经济欠发达的地区而言，必须把扶贫工作和生态环境保护有机结合起来，实现两者的良性互动，探索生态文明建设与扶贫开发协调发展之路。

1. 生态补偿脱贫

生态补偿是指对贫困地区为保护良好的生态环境而限制生态资源开发利用实施的一种补偿。具体措施包括在贫困地区实施重点生态修复工程、建立生态补偿机制并重点向贫困地区倾斜、加大重点生态功能区生态补偿力度。同时，结合退耕还林、公益林补偿、天然林资源保护及生态综合治理等重点生态工程，挖掘生态建设与保护就业岗位，为生态保护区的农民提供就业机会，使当地农民直接参与到生态保护和治理工程中，提高农民收入水平。

2. 积极支持发展生态优势产业

一是培育特色农副产业。生态扶贫探索的是生态文明建设与扶贫开发协调发展之路，因而在产业发展中也可以实现良性的均衡发展，一些贫困地区探索出了成功的案例。这些贫困地区立足生态资源优势，培育特色农副产品加工业，形成规模化、标准化、设施化、品牌化、生态化的农副产业，依托经营主体的带动和辐射，提高贫困人口的收入水平。以林业资源丰富的长江中上游贫困地区为例，当地出台相关扶持政策，结合当地的生态优势，培育了一批生态龙头企业，发展一批能促进农民增收致富的产业，吸纳贫困人口就业。并且鼓励专业大户创办“家庭林场”“家庭农场”集约发展林木种植、林下种植、养殖，带动贫困人口脱贫增收。在北方沙漠化地区，亿利资源集团探索出的库布齐治沙扶贫模式，让“生态、产业、扶贫”协同发展，对荒漠治理、生态修复、产业发展与精准扶贫进行了有机结合。通过科学制定沙区产业发展规划，重点发展了生态修复、生态健康、生态农牧业、生态旅游、生态光能、生态工业六位一体的千亿规模沙漠绿洲经济产业，同时强化利益联结机制，让贫困户分享到产业链和价值链增值收益。累计带动库布齐沙区10万百姓彻底摆脱了贫困，贫困人口年均收入从1990年不到400元增长到2015年的14000元。

二是发展生态旅游业。生态扶贫不仅精准抓住贫困地区生态脆弱的致贫原因，还包括精准把握贫困地区的独特生态特点，充分发挥得天独厚的生态文化优势，积极发展生态旅游。一些地方依托独特的文化、人文资源以及丰富的自然资源，发展以生态旅游业为重点的文化产业。同时，大力挖掘地方传统民族产品，鼓励民族特色工业和地方手工业的发展，加大对相关龙头企业的扶持力度，通过龙头企业带动当地农民就业，增加贫困人口收入。长江中上游贫困地区以当地的“森林公园”、风景名胜区、自然保护区、国有林场等为基础，积极引进社会资本，开发生态文化等特色旅游线路，形成生态旅游环线，实现生态优势向发展优势和经济优势转变，让贫困群众共享生态建设成果，实现贫困人口的脱贫致富。亿利资源集团积极开发沙漠特色旅游，实现生态优势向发展优势和经济优势转变，投资 218 亿元建成库布齐国家沙漠公园旅游基地，发展沙漠观光、休闲度假、沙漠体验、生态文明教育为主要内容的旅游业。已带动 1000 余户农牧民发展起家庭旅馆、餐饮、民族手工业、沙漠越野等服务业，户均年收入 10 万元以上，人均收入超过 3 万元，让贫困群众共享了生态建设成果，实现了贫困人口的脱贫致富。

（九）志智双扶

习近平总书记指出：“摆脱贫困首要意义并不是物质上的脱贫，而是摆脱意识和思路上的贫困。”“扶贫先扶志，扶贫必扶智”这一科学观点是对当前精准扶贫精准脱贫过程的准确号脉。因为给钱给物，能解一时之困，扶心扶志，扶能扶智，才能治懒治愚，拔掉穷根。

扶贫先扶志，扶志就是扶人的心态、思想、观念、信心，就是让贫困户产生内生驱动力量，有摆脱贫困的主动意识和积极行为，实现由“输血式”向“造血式”扶贫的转变；扶贫必扶智，扶智就是扶知识、扶技术、扶思路，贫困人口参加各项技能培训，应该各扬所长，哪方面能力强就优先培训、发展哪一方面，这就是扶智的目的，即提高贫困人口的综合能力；“志”“智”需双扶，“志不强者智不达”，说的是志向不够坚定的人，其聪明才智也就难以得到充分的发挥。如果扶贫不扶志，扶贫的目的就难以达到，即使一度脱贫，也可能会再度返贫。如果扶贫不扶智，就会知识匮乏、智力不足、无所特长，甚至造成贫困的代际传递。要从根本上摆脱贫困，必须智随志走、志以智强，实施“志智双扶”，才能激发活力、形成合力，从根本上铲除滋生贫穷的土壤。

1. 丰富宣传形式，激发贫困人口的心理资源，增强内生动力

综合利用好贫困村的文化长廊、文化活动中心、阅览室、村村通广播、微信等贫困户接受度较高的媒体工具，弘扬积极进取、自强不息的传统美德，引导培育现代文明生活方式，潜移默化地改变贫困户原有的封闭、保守、消极、畏惧、不敢竞争等心理。

2. 重视志向的培养

有的贫困户没有干劲，就要“扶志”。对这类家庭，帮扶责任人要与贫困户贴得近些更近些，像对待自己亲人一样，一对一地融进去，真正走进他们的内心，把握他们的思想动态，把扶贫政策送到贫困户家中，帮助贫困户制定家庭规划，为贫困户排忧解难，更要把志气、信心送到贫困户心坎上，帮助他们树立“自力更生、勤劳致富”的正确观念。

3. 以技能培训实现“扶智”

“扶智”会增强贫困群众脱贫致富的信心，而技能培训是扶智最直接最有效的途径。有的地方利用县级技校、职教中心等教育平台，因人施教，开展生产技能培训。技能培训必须因人因地施策，因贫困原因施策，因贫困类型施策，区别不同情况，做到对症下药，精准滴灌，靶心治疗，需要什么，培训什么，根据贫困群众的实际需求量体裁衣，真正发挥培训立竿见影的效果。

4. 建立有偿奖励制度

对积极创业、已经实现脱贫致富的贫困户，要加大精神奖励，可开展致富带头人评选并颁发奖状、给予奖励金，将致富带头人的典型事例做成宣传片，举办宣讲会进行宣传，不断强化劳动光荣的理念，增强贫困户通过劳动脱贫致富的荣誉感和自信心。

5. 强化教育引导

组织由教育学专业、心理学专业、社会工作者、脱贫致富典型代表组成的宣讲团，为贫困户宣讲脱贫攻坚政策、脱贫典型人物事迹，通过现身说法，引导贫困户摒弃“蹲在墙根晒太阳、等着政府送小康”的思想，树立正确的价值观，自强自立，坚定贫困群众脱贫致富信心，点燃贫困群众脱贫致富引擎。

四、精准扶贫的实施"管道"

如果说精准扶贫是一种"滴灌式"帮扶的话，那么驻村工作队则往往被喻为实现精准扶贫的"管道"。选派思想好、作风正、能力强的优秀年轻干部到贫困地区驻村帮扶，是以习近平同志为核心的党中央为打赢脱贫攻坚战提出的重要举措。中共中央办公厅、国务院办公厅在2013年12月联合印发的《关于创新机制扎实推进农村扶贫开发工作的意见》中，把健全干部驻村帮扶机制作为六项扶贫开发工作机制创新之一，要求各地根据贫困村的实际需求，精准选配第一书记，精准选派驻村工作队，确保每个贫困村都有驻村工作队，每个贫困户都有帮扶责任人。通过对扶贫制度的建立过程的梳理我们可以看出，驻村帮扶制度极大地推动了贫困地区加快发展，驻村干部是推进产业开发、资源整合、创收扶贫的重要行动者，也是培养、选拔和锻炼干部的有效途径。《河北省精准脱贫驻村干部选派管理办法》中指出，贫困村驻村扶贫工作队把推动精准脱贫、实现同步小康作为驻村工作的核心任务，重点做好科学制定规划、推动精准脱贫、帮建基层组织、为民办事服务、提升治理水平等任务。驻村帮扶机制的实施，将改变村庄治理的模式，形成国家支持、村委主导、村民参与的新型村庄治理格局，而要想变革村庄治理，驻村干部须从公共价值的达成、制度规范、产业再造及力量整合等方面进行努力。

随着精准扶贫战略的实施，习近平总书记于2015年6月18日在贵州召开部分省区市主要负责同志座谈会上，专门强调"要把扶贫开发同基层组织建设有机结合起来，真正把基层党组织建设成为带领群众脱贫致富的坚强战斗堡垒"。由此，驻村干部兼任贫困村第一书记，推进当地基层党组织建设，成为精准扶贫战略实施过程中的一项普遍性举措。而对这一举措的分析和把握，无疑对我们探究精准扶贫战略下驻村干部嵌入贫困村治理的路径、机制及其局限，具有重要的透视价值。

与此同时，在贫困村治理场域中，作为贫困治理过程中各方力量"接点"的驻村干部，在实现了基础设施建设、村庄发展和公平正义的同时，也带来了对自治的消解及双重治理失效等风险。因此只有重塑"接点"，实现"接点再造"，保证国家与社会的良好互动，才能终结贫困。在精准扶贫背景下，驻村工作队面临着农村新的发展格局，必须参与到村庄治理中去，通过扶贫项目实施，完善贫困村治理结构，才能实现精准扶贫目标。现实问题则是大多数工作队还是游离于乡村社会之外，因此决策者应特别关注如何使驻村帮扶更好地融入乡村社会、发挥扶贫作用的问题。通过实践研究表明，在直接扶贫干预层面，干部驻村帮扶呈现出非制度化特点，其扶贫资源供给和成效取决于驻村干部社会资源的动员能力。因此促进驻村帮扶资源供给的制度化，强化促进贫困村内源发展，是提升驻村帮扶整体减贫成效的两个重要方向。

（一）驻村帮扶制度的演进

1. 30余年干部下乡——长期化、制度化、规范化

有关研究表明，党政机关选派干部下乡扶贫，已有30多年的历史。20世纪80年代初，国家科委、农牧渔业部、林业部、水电部、民政部、商业部等响应中共中央《关于帮助贫困地区尽快改变面貌的通知》的号召，派遣干部赴贫困地区帮助群众摆脱贫困。1986年，国务院贫困地区经济开发领导小组明确提出："凡有条件的部委，都应该抽派干部，深入一片贫困地区，定点轮换常驻，重点联系和帮助工作。"其后，随着国家机关定点扶贫工作和"八七扶贫攻坚计划"的推进，"中央决定，要把组织党政机关干部下乡扶贫，作为一项制度，长期坚持下去。"1997年，中组部、人事部联合颁布《关于进一步做好选派干部下乡扶贫工作的意见》，表明干部下乡扶贫已形成一项制度。《中国农村扶贫开发纲要（2001—2010）》《中国农村扶贫开发纲要（2011—2020）》以及《中共中央国务院关于实施乡村振兴战略的意见》等重要文件，都强调各级党政机关要把选派干部下乡扶贫作为一项制度来坚持。30多年来，干部驻村具有长期化、制度化、规范化的特点。通过对贫困村配备专职干部，以及推动扶贫政策在基层执行与落实的驻村帮扶制度，不仅提高了扶贫开发的有效性和针对性，转变了干部作风，培养锻炼了干部，而且学界相关研究成果也表明，该措施有助于改进党的工作作风与基层乡村的治理。

2. "精准扶贫"基本方略需要——战略性、精准性、艰巨性

2013年"精准扶贫"基本方略被提出后，扶贫开发工作被纳入"五位一体"总体布局和"四个全面"战略布局，成为实现第一个百年奋斗目标的重

点工程。"六个精准"作为精准扶贫方略的基本要义，其中"因村派人精准"无论从理论上还是实践中都不可或缺、至关重要。动态识别、因户施策、政策宣传、产业发展、稳定脱贫，等等，驻村干部都是其中坚力量。在这场攻坚拔寨战役中，全国28个省区市以不同形式开展了干部帮扶活动，共选派277.8万人驻村帮扶，19.5万名优秀干部到贫困村和基层组织薄弱涣散村担任第一书记。很多地方还将下派的范围扩大到所有行政村。党的十八大以来，累计减贫9400万人，消除绝对贫困人口95%以上。成绩背后，驻村扶贫干部为之付出了汗水、心血乃至生命①。

但是，也有一些驻村干部被指责"形象工程和无所作为""对地方事务干预过多和不能发挥监督保障作用"，驻村帮扶制度也被认为存在着稳定性保障不足和缺乏公平分配的顶层设计考量问题等。2016年，四川省召回和调整1416名第一书记，占该省选派总数的12.3%，引起全社会较大关注。随后，青海、河南、广西等省区也曾召回扶贫不力的干部。随着脱贫攻坚战的持续深入，长时间、高强度投身一线，"厌战""懒怠""畏难""急躁""补偿"等不良情绪悄然滋生。针对选人不优、管理不严、作风不实、保障不力等问题，为更好发挥驻村工作队脱贫攻坚生力军作用，2017年12月，中共中央办公厅、国务院办公厅出台了《关于加强贫困村驻村工作队选派管理工作的指导意见》。

3. 乡村振兴战略保障——懂农业、爱农村、爱农民的"三农"工作队伍

乡村振兴战略对精准扶贫的影响主要表现在三个层次：一是宏观层面。精准扶贫是为了实现贫困地区、民族地区、边疆地区与全国同步建成小康社会的国家发展基本方略；乡村振兴战略是为了实现"让农业成为有奔头的产业，让农民成为有吸引力的职业，让农村成为安居乐业的美丽家园"。后者是前者的愿景，精准扶贫的口号由"打赢脱贫攻坚战"变为"打好脱贫攻坚战"。二是中观层面。2018年中央一号文件《中共中央国务院关于实施乡村振兴战略的意见》中的"三步走""七条路径"，对"打好精准脱贫攻坚战三

① 据国务院扶贫办主任刘永富在2018年"两会"时发言，脱贫攻坚战以来，已有500多位基层同志倒在扶贫一线。

年行动”的协同性提出了更高要求——“必须打好精准脱贫攻坚战，走中国特色减贫之路”。三是微观层面。乡村振兴提出“打造农村基层一支懂农业、爱农村、爱农民的‘三农’工作队伍”，并再次强调“建立选派第一书记工作长效机制，全面向贫困村、软弱涣散村和集体经济薄弱村党组织派出第一书记”，协助当地选好配强村级班子特别是村党组织书记，加强村干部的教育管理，努力建设一支群众信得过、“双带”能力强的农村干部队伍，打造“永远不走的扶贫工作队”。

2018年2月12日，习近平总书记在成都召开的打好精准脱贫攻坚战座谈会上的讲话中，特别强调“不放松、不停顿、不懈怠，提高脱贫质量”。高压传导机制的最底端、最前线，是驻村帮扶干部，强化驻村帮扶，被列为2018年全国扶贫工作重点之一。驻村帮扶，作为“落实脱贫攻坚责任的三项硬措施之一”，将“加大派的力度、增强帮的效果、加强管的措施、提高服的水平”。由此可见，政府对该项制度的完善有着热切期待——驻村帮扶在农村治理创新中可以发挥重要作用。在新时代背景下，驻村帮扶是基层治理的一个重要方面，作为我党的优良工作传统，有着经验也面临着诸多任务。对驻村帮扶制度研究，对于当下和未来，都有着特殊的意义和价值。

（二）驻村帮扶在精准扶贫中的任务和作用

驻村帮扶工作队同时承担了两项任务，即在村一级完善反贫困的治理结构，同时动员更多的资源进入贫困村，实施扶贫项目。反贫困是一项长期和复杂的发展过程，需要持续的多方位努力，然而精准扶贫要在规定的时间内完成规定的任务，这需要运动式的社会动员，因此要使扶贫工作队富有成效地工作就需要清楚地确定工作的目标，并配备与目标相适应的人力和物力。与原有的扶贫相比，精准扶贫的背景和目标都已经发生了变化，如果沿用原有的驻村帮扶模式，就很难实现彻底解决绝对贫困问题的目标。

第一，精准扶贫的首要任务在于精准，需要准确地识别出贫困人口，并有针对性地提供帮助。精准识别贫困人口既需要对扶贫复杂性的理解，也需要发挥监督作用。在扶贫实践中，贫困人口的识别并不是完全基于当年收入，因为农民的收入很难计算，且可能年度差异很大，同时单纯的收入水平也不

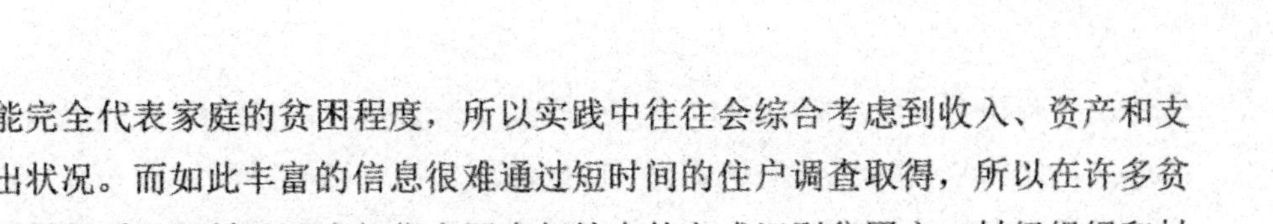

能完全代表家庭的贫困程度，所以实践中往往会综合考虑到收入、资产和支出状况。而如此丰富的信息很难通过短时间的住户调查取得，所以在许多贫困村都采取了村民评议与住户调查相结合的方式识别贫困户。村级组织和村民在确定帮扶对象的时候不仅仅会参考客观指标，而且会加入许多主观因素，这些主观因素既包括了他们对贫困人口长期生活状况的了解，也包括了他们的关系和个人偏好。如何在识别帮扶对象中减少关系和个人偏好的影响，保障扶贫资源的公正分配，是帮扶工作的首要任务。

第二，对于驻村帮扶的定位还有很强的惯性。基层政府和贫困村村民还在延续原有对口帮扶的预期，希望驻村帮扶能够给他们带来资金援助，使贫困村的基础设施得到迅速改善。一些基层干部还将主要精力用于争取那些有资源的部门或企业到自己负责的贫困村驻村帮扶。帮扶资金无疑对于贫困村脱贫具有重要意义，但是在精准扶贫的背景下，动员更多资源用于扶贫已经不是工作队的主要目标。随着各级政府在扶贫领域投入的增加，对口帮扶资金的重要性在下降，特别是从宏观的角度看，通过帮扶工作队将扶贫资源集中在一些典型村庄，也不是精准扶贫的目标。本轮驻村帮扶强调帮扶干部要长期住在村内，一般要求每月驻村时间要达到20天以上，甚至是25天以上，这就意味着帮扶干部的主要工作要在贫困村内完成，而不是消耗大量时间周旋于各个政府部门争取扶贫资源。事实上延续原有的帮扶思路，争资金上项目并不能有效地惠及贫困人口。

第三，精准扶贫强调扶贫措施要有针对性才能在有限的时间内完成扶贫攻坚的任务。每一个贫困村都面临着不同的问题，需要不同的帮扶措施。改善基础设施和发展产业并非是所有贫困村最重要的任务，比如有些贫困村之所以贫困是因为村民之间、干群之间，或者村庄与外来投资者之间有着错综复杂的矛盾，扶贫的前提是解决社会矛盾；也有少数村庄的贫困恰恰是产业发展的结果，由于发展产业的技术不到位、资金投入不足、市场定位不准或市场变化等原因，农民在发展产业过程中不仅没有脱贫，甚至可能会导致债务缠身；还有一些村庄的贫困是因为生态环境破坏导致的，在这些地区，扶贫首先不是开发的问题，而是如何保护生态环境，并使贫困户从中受益的问题。贫困户的致贫原因也很复杂，现在将贫困原因简单地归纳为几类，如因病、缺少劳动力、缺少资金和因子女上学等，但是每一种原因都包括了复杂的内容，比如常见的因病致贫就包括医疗费用支出过高、因病导致劳动力缺乏，以及出现的连带问题，如子女教育。许多贫困户是多种原因共同作用的结果，如同时缺乏资金和技术、缺少市场经验和劳动力不足。致贫的原因也是处于变的过程中，如子女上学期间可能会因为缺少劳动力，但是在子女离开学校以后又会面临缺少资金和就业的问题。面对复杂的贫困问题，采取一般化的缺少针对性的扶贫措施，就很难达到扶贫的预期目标。

（三）现阶段驻村帮扶的制约因素

精准扶贫需要驻村帮扶干部能够帮助建立良好的目标瞄准机制、提出切实可行的扶贫规划并能够采取多样性的手段，根据不同村庄和不同贫困户的致贫原因，采取有针对的帮扶措施。要达到这个目标，现有工作队人员构成、工作安排都还存在着不足。

1. 驻村人员缺乏基层治理经验

尽管各级党委和政府向贫困村派驻了大量的驻村帮扶工作队员，但是有经验的干部所占比例还不足。派驻帮扶干部与派出单位的日常工作之间会产生矛盾，一些单位的主要领导高度重视帮扶工作，将高素质的干部派出；但是也有许多单位的主要领导对帮扶工作重视不足，将非主要干部，包括新入职的年轻干部派驻帮扶。尽管年轻干部在驻村帮扶中会得到锻炼，但是从调查来看，他们明显缺乏农村工作经验，一些青年干部下乡以后，不知道如何开展农村工作。

在帮扶干部中大量安排乡镇干部是对干部包村的延续。从20世纪90年代开始大规模撤乡并村以来，村级干部数量减少，为了落实农村各项中心工作，保证乡村的稳定，各地普遍实行乡镇干部包村制度。在部分贫困地区，以包村干部为主的乡镇干部被安排成为驻村帮扶的工作队员。因为这些乡镇干部原本在乡镇工作，而且扶贫也是他们工作的重点，将他们纳入驻村帮扶的系统中并没有改变他们原有的工作方式。

2. 角色定位不准确，易轻视群众工作

脱贫攻坚本质上是一场规模化的群众工作，正确处理人民内部矛盾和消

除绝对贫困是其首要目标。工作队的首要任务是深入群众，做好国家扶贫政策的宣传员，向群众宣传国家的大政方针。同时，要成为扶贫政策的调研员，对各项扶贫政策在群众中的实施落地情况进行调研并及时向上级反馈。但部分工作队员在实际工作中，往往将自己的角色游离于群众之外，重视拉资源、跑项目，忽视群众工作，一定程度上偏离了驻村帮扶的工作方向，没有做好宣传员和调研员的角色。

3. 基层治理参与度不高，难以提升基层组织能力

一方面，部分工作队员对扶贫工作的理解较为狭隘，将扶贫简单等同于拉资源、投项目等“输血”工作，忽视通过参与基层治理以提升基层组织治理水平这一重要任务；另一方面，部分基层组织认为驻村帮扶工作队员是局外人，有“帮忙可以，参与决策就是添乱”的想法存在，对工作队员直接参与乡村治理有所排斥。

4. 驻村人员调整过于频繁，工作缺乏持续性

精准扶贫要求帮扶单位保证被帮扶村庄按期脱贫，强调“不脱贫不脱钩”。帮扶单位向对口贫困村派驻帮扶工作队要持续到贫困村脱贫，甚至在脱贫以后还需要继续帮扶，但是工作队成员是轮换的，多数以一年为期。为期一年是各种矛盾平衡的结果，尽管各级组织部门要求帮扶干部与原工作岗位脱钩，但现实的情况是他们很难完全脱钩，多数是半脱钩，用驻村之余的时间照顾原单位工作。一些在原单位担任实职的驻村干部都表示，自己的周末基本上都要回原单位工作，他们如果长期离开本职工作，会直接影响帮扶单位自身的工作。同时，由于个人和家庭的原因，许多帮扶干部很难在贫困村长期工作。但是调查发现，在驻村帮扶中取得明显效果的工作队多是在乡村工作多年。较长时间的驻村帮扶有助于工作队形成长期规划，避免工作中的短平快；有助于熟悉被帮扶村的情况，取得村民的信任；也有助于实施较为完整的扶贫规划，而较为快速的人员流动会降低帮扶的稳定性。

5. 考核机制存在不足，难以评价工作成效

目前的考核主要由日常驻村考勤和工作成效两部分组成，过程考核较多而效果考核较少。在派驻工作队的前期，考核工作主要解决驻村问题。一些单位的派出人员因为本单位工作任务较重或放松要求，驻村时间很少。因此

各级组织部门出台了硬性的规定，工作队驻村时间必须保障每月20天或25天以上，为此，省、市、县各级组织部门采取不定期抽查。严格的管理保证了工作队驻村的时间，但是不同的工作队所面对的村庄情况不同，工作队的效果如何，特别是工作队如何创造性地开展扶贫工作，却很难进行监测评估。贫困村的基础不同，帮扶单位的投入差别很大，不同工作队的专业和经验各不相同，这都给帮扶效果的监测评估带来困难。

6. 帮扶资源分配不公

对口帮扶尽管有利于调动更多的资源用于扶贫，但认识上的局限性，易造成扶贫资源浪费和分配不公。一些实力雄厚的单位将大量资源集中在自己帮扶的村庄中，造成形象工程和“垒大户”的现象。一是部分工作队员存在“毕其功于一役”的心态，在有限的时间内急于实施短期见效的项目，轻视长期持续发展。二是在扶贫工作中站在原单位的角度，将有限的扶贫资源仅集中在帮扶村，甚至当帮扶村已经达到脱贫出列标准时，仍旧大力投入，造成资源浪费，甚至加剧发展的不平衡。

如何开展具有针对性的有效措施来避免资源的过度分配不公是驻村帮扶过程中需要解决的重要问题。首先，扶贫资源采取更加制度化的分配方式进行分配，如制定更加可行的扶贫规划，按照规划分配资源；其次是发挥扶贫领导小组成员单位的作用，建立帮扶单位的联席会议制度，针对不同贫困村的需求，通过联席会议的渠道统一实施扶贫项目，平衡项目投入；第三，将一些资源丰富的单位派驻到贫困程度深的贫困村，从而实现扶贫力度与扶贫需求之间的平衡。更重要的是加大政府扶贫投入的力度，使政府的扶贫投入成为扶贫的主要资源，这可以降低对口扶贫单位资源差距对扶贫力度的影响。尽管不同单位的帮扶仍然意味着帮扶力度不同，但是一系列资源公平分配的机制可以避免资源过度集中。

驻村帮扶需要丰富的工作经验和超前的市场意识，而且需要有综合的能力开展工作，但是有许多驻村帮扶的工作队不能满足上述要求，因此需要培训和指导。从调查情况看，对于驻村帮扶，现在还缺少有效的指导和培训机制，这造成一些驻村工作队只是忙于日常工作，特别是在开展精准扶贫以后，因为需要大量信息的收集、汇总和报送，一些工作队就陷入了大量事务性工

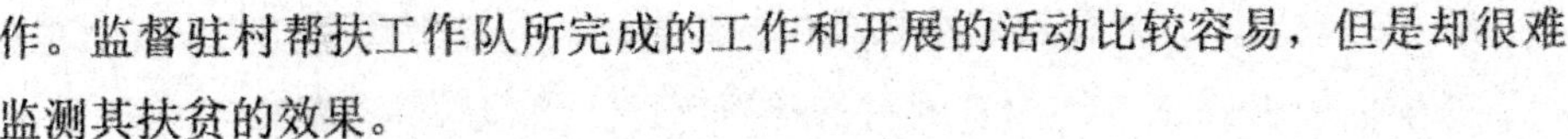

作。监督驻村帮扶工作队所完成的工作和开展的活动比较容易，但是却很难监测其扶贫的效果。

（四）驻村帮扶与反贫困治理

精准扶贫强调精准，将贫困户而不是贫困地区作为主要的扶贫对象，贫困对象的识别、采取的扶贫措施和扶贫效果的考核都比过去的难度有所增加，这就决定了反贫困的问题不仅是经济增长和增加扶贫投入的问题，还是贫困村治理的转型问题。要发挥扶贫攻坚作用，驻村帮扶需要在推动贫困村治理创新中发挥作用。在过去几年的精准扶贫实践中，一些驻村帮扶工作队已经探索出了一些有效反贫困治理经验。通过驻村帮扶来实现加强贫困村治理的目标要求，需要从以下三个方面来考虑。

1. 满足贫困村的需求，派驻有特色的工作队

贵州省总结的经验是“科技干部配产业村、经济干部配贫困村、政法干部配乱村、党政干部配难村和退休干部回原村”。不同的贫困村处于不同的发展阶段，因此对于帮扶的需求是多元的，需要驻村帮扶能够满足贫困村的需求。发展产业的村庄急需要技术和市场的支持，比如发展中药材生产的村庄急需要懂中草药的干部，那么在可能的情况下会将中草药的技术人员配备到产业村；同样有些村庄与外来的旅游开发者存在着许多矛盾，将政法干部作为驻村帮扶工作队可以有效地解决社会矛盾。当然，针对贫困村需要派驻工作队对县级的组织部门和扶贫部门提出了更高的要求，需要他们清楚地把握贫困村的问题，并有针对性地提出要求。

2. 强化帮扶单位的责任感

不脱贫不脱钩的政策将帮扶单位、帮扶工作队和贫困村紧密地联系在一起。目前在贫困地区已经达成一种共识，如果贫困村不能按时脱贫，那么首先承担责任的是贫困村的村级组织，但是由于村两委成员的农民身份，实际上很难追究他们的责任。乡镇和帮扶单位作为第二位的责任人，会受到不同程度的责任追究，这种责任制度已经将帮扶单位和帮扶工作队作为脱贫的首要责任人，对贫困村的脱贫富有不可推卸的责任。通过强化帮扶单位的责任，使帮扶单位对驻村工作队提供更有效支持的方法在许多地方已经实施，如甘

肃将扶贫的效果作为考核对口帮扶单位的内容之一，在贵州有挂帮书记制度，即帮扶单位的主要领导作为贫困村的挂帮书记，承担对驻村帮扶工作队提供直接支持的责任。通过加强领导，在一些基层组织薄弱的地方，驻村帮扶工作队已经在贫困村的发展中发挥了核心领导作用。

3．从制度上保障驻村工作队参与贫困的治理

驻村帮扶工作队的任务之一就是参与建档立卡，因此工作队进村的首要任务是遍访贫困户。在调查中发现，大多数驻村工作队都对贫困户进行了程度不同的走访，从而可以掌握村内的贫困户分布情况，并对建档立卡中存在的问题进行调整。在一些村庄，建档立卡必须有驻村工作队队长的签字才能生效，这无疑赋予了驻村帮扶工作队参与监督和审查建档立卡的权力，同时也承担了相应的责任。从 2015 年开始实施的贫困村第一书记的政策使许多驻村工作队队长同时兼任第一书记，按照一些第一书记的理解，驻村工作队队长不一定有权利参与村两委的会议，但是作为第一书记，必须参与村两委会议，从而可以正式介入村庄公共事务的决策。驻村工作队要发挥扶贫的作用就必须参与贫困村的治理。

驻村帮扶工作队对贫困村治理结构产生影响，尽管不同工作队的影响力度不同。从调查结果看，工作队驻村的问题已经落实，而且几乎所有的工作队都开展了贫困户调查，通过调整完善建档立卡的信息，对贫困村的治理产生了积极影响。驻村帮扶工作队参与贫困村治理的途径主要有参与建档立卡、发展产业、开展农村文化活动和推动基层组织建设。建档立卡关系所有贫困户的利益，因此公平和透明的建档立卡不仅关系到扶贫是否精准，更直接影响贫困村的稳定。

驻村帮扶工作队的首要任务是保证建档立卡的准确、公平和透明，在驻村帮扶工作队的推动下，许多贫困村的决策过程更加公开透明，贫困户的筛选和资源的分配往往都利用张榜公布的方式告诉村民并接受监督。其次，产业发展是动员村民的有效手段，围绕贫困户增加收入，一些工作队推动了帮扶村庄的产业发展，并在发展产业的同时推动了农民合作组织建设。产业发展的目标瞄准问题是贫困治理的重要问题，一个贫困村产业的发展不意味贫困户必然受益，要保证贫困户受益就需要在项目设计和生产组织方面有针对

贫困户受益的制度安排。

驻村帮扶也推动了贫困村文化建设，通过修建文化广场，开展文化活动，增强了贫困村的社区凝聚力。比如有的贫困村在脱贫以后建立村级文化室，展示了本村的历史，对于凝聚村民发挥了积极作用；有的村庄组织了妇女舞蹈队，开展业余文化活动。村庄凝聚力的加强不仅影响了村庄的社会生活，而且也提高了村民表达意见的愿望。随着工作队工作的深入，一些村庄的党组织建设得到加强，一些工作软弱的村两委领导在选举过程中落选，一些愿意为村民服务的人被充实到村两委干部中。

驻村帮扶对于实现精准扶贫目标具有重要的作用，实践证明，要实现精准扶贫目标，就要把贫困村的治理放在驻村帮扶的首要位置，通过扶贫项目实施，完善贫困村的治理结构。驻村帮扶需要在实践中不断发展创新，创造更多的新形式，在实践中不断总结经验教训，迎接问题和挑战。

（五）驻村帮扶与“嵌入式”治理

精准扶贫战略下，驻村干部在推动扶贫工作、党建推进、宣传国家政策促乡村振兴工作上发挥着独特的作用。而农村党支部是团结带领群众贯彻党的理论和路线方针政策、落实党的任务的战斗堡垒。扶贫工作和乡村发展工作均离不开农村党支部的带领。农村党支部的凝聚力和战斗力，是形成“围绕扶贫抓党建，抓好党建促扶贫”的党建扶贫格局的保证；农村党支部作为党的决策的贯彻者、国家政策的宣传者，引导着村领导班子、村民共同攻克扶贫难题，发展乡村；农村党支部还是村领导班子的教育者和监督者，肩负着扫除“人情社会”遗留在农村的腐败问题，真正让精准扶贫政策惠及百姓。

从前文“滴灌”和“管道”的比喻来看，驻村干部能否有效地开展工作对于新一轮扶贫攻坚目标的实现具有极其重要的意义。不过，在精准扶贫要求下，驻村帮扶的任务与目标都已发生了深刻变化。精准扶贫强调精准，将贫困户而不是贫困地区作为主要的帮扶对象，扶贫对象的识别、采取的扶贫措施和扶贫效果的考核都比过去的难度增加，这就决定了反贫困的问题不仅仅是经济增长和增加扶贫投入的问题，还是贫困村治理的转型问题。因此，要发挥出在扶贫攻坚中的作用，驻村干部就要参与到村庄治理过程中去，在推动贫困村治理创新中发挥作用。

在现有的村民自治制度框架下，驻村工作队作为一股外部空降力量，常常面临“嵌入”困境。由于驻村干部的社会身份、社会网络以及社会资源均处于村庄之外，因此除了个体间的人际关系，在村庄公共事务方面，很难获得村委会、党支部、经联社以及村民等村庄内部治理主体的信任与配合，反而很容易围绕项目选择、发展方向等问题形成矛盾甚至是对立关系。而能否顺利地“嵌入”村庄治理以保障精准扶贫目标的有效实现，很大程度上取决于驻村干部是否能够与贫困村既有的治理主体建立起良性的互动关系。在这一现实背景下，有必要探究在精准扶贫政策的具体执行过程中，驻村干部与贫困村治理主体之间建立起了何种互动机制，从而推进了驻村干部“嵌入”到村庄治理之中，以保障精准扶贫战略目标的有效实现。

1.“嵌入式”治理成效显著

驻村干部的精准下派并通过推进当地基层党组织建设嵌入到贫困村的治理体系和治理过程中，对农村党支部的战斗力和凝聚力的提升，以及精准扶贫战略目标的达成，具有明显的促进作用。

首先，促进农村党组织规范化建设，激活党支部活力。驻村干部的到来，积极协助落实基层党组织建设任务措施，配合当地党委组织实施基层党建工作，加强内部建设。同时，他们对国家上级政策更好地进行解读，因此有利于帮助完善村内制度，并且进行创新发挥。错综复杂的人情关系与派系斗争对党支部建设有诸多阻碍，不利于村庄基层力量的凝聚，外来的驻村干部在村庄中担任指导、领导党支部建设的重要力量，能够在一定程度上避免农村党员队伍家族化的出现，纠正组织风气。

其次，驻村帮扶对密切党群关系起到极大的推动作用。驻村干部能够充分发挥党与群众之间的桥梁纽带作用，体现在深入群众了解他们的需求，将党的政策措施落实到群众中，做到“从群众中来，到群众中去”的领导方法。驻村干部在驻村期间，深入了解群众，把他们的愿望、需求以及斗争经验集中起来，加以分析、综合和提高，使之系统化，从而做出工作决定，提出政策、任务以及规划；在实际工作中，驻村干部将我党先进的思想传播到群众中，推进农村的思想文化建设。通过分发资料、上门宣传、公开栏公布等形式将国家政策宣传出来，让农村群众充分了解党组织的力量与发展方向，能更好地团结群众，以下带上做好乡村工作。

再次，规范党员管理与教育，有效激发党员活力，壮大党员队伍。驻村干部把村里的有思想、有文化、能起带头作用引领的中青年致富能手作为村后备干部和重点培养对象，积极为党支部补充优秀的新鲜血液打下基础；驻村干部也加大对党组织的宣传，积极发展新党员，推动党支部队伍的年轻化、活力化、创新化；督促党员学习党章，学习习近平总书记系列重要讲话，通过分发学习资料，开展党课等教育活动，让党员接受教育，在思想与行动上成为一个合格的先锋模范。

最后，引入丰富资源推进党的阵地建设，确保战斗堡垒作用的发挥。驻村干部在原单位的职务一般较高，且具有的人际资源较广，可以借助于正式的组织管道争取贷款及招商引资，修缮党支部活动场所，配套完善相关设施等，如修建两委干部办公室、党员活动中心、村务监督委员会、村代表工作室、文化广场以及老年人活动中心等，让村两委有良好的办公环境，确保党日活动的正常举办，也使得村民有活动的场所，对组织、群众均有着十足好处。

2.“嵌入式”治理也存在明显不足

驻村干部作为一种外部干预力量，在实践过程中，其在拥有着原生性力量无法比拟的客观性与公正性的同时，也受到一些主客观因素的影响和制约，在推进农村基层党建的过程中也呈现出了明显的不足之处。

首先，党员凝聚力不高，组织缺乏向心力。驻村干部难以扭转党员涣散，对组织认同不高的局面。由于农村党员年龄跨度大、学历参差不齐以及农村长久以来的人情现象，组织内部党员之间缺乏相互关联、相互吸引的合作意愿，成员对组织的认同程度较低。农村党员思想觉悟普遍较低，眼界不够广阔与长远，对组织目标认同的程度较低，不认可驻村干部的某些具有发展眼光的看法，导致驻村干部在基层党建上的工作停留在循规蹈矩的做法上。

其次，受到各种因素的制约与多方力量的排挤。干部驻村机制呈现着复杂的社会性、结构性因素，与多元主体之间的互动，使得驻村干部难以把握基层党建工作。上级政府为驻村干部设置的目标责任与权力不匹配，上级政府安排驻村干部将促党建放在第一位，但驻村干部没有实际权力，必须依靠村委会和党支部的力量；驻村干部与村干部之间的关系较为微妙，驻村干部必须依靠村干部才可以开展党建工作，但由于驻村干部的进驻可能挤占了村干部的利益空间，而导致驻村干部遭受到冷落与排斥。

（六）驻村帮扶的内涵提升

随着脱贫攻坚战略的进一步实施，驻村帮扶在现阶段精准扶贫中的地位和作用将得到进一步巩固和增强，同时仍然面临许多已知和未知的挑战。驻村工作队必须切实增强“四个意识”，牢牢把握精准扶贫、大格局扶贫的深刻内涵，实现自我提升。

1. 提高认识，明晰角色定位

一是相关部门要做好工作队的培训教育工作，助力工作队树立扶贫事业“功成不必在我，功成必定有我”的信念，找准工作定位扎实做好各项工作。二是工作队要深入群众，充分发挥群众的主体作用。做好各项扶贫政策的宣传解释，并对政策在群众中的落实情况做调查研究，及时向扶贫办等有关部门反映，做好群众声音的反馈者，为上级政策制定机关提供一手材料。三是工作队要主动参与乡村治理，发掘培养当地政治可靠的青年干部，提高当地干部基层治理能力，注重扶贫同扶志、扶智相结合，激发当地内生动力，建立不走的工作队。四是工作队应站在乡镇、县区的角度上，合理分配自身包括所在单位的有效资源，提高扶贫资源的利用率和贡献率。

2. 完善考核标准，重视成效考核

一是有关部门加快探索成效考核机制，通过建立工作队目标责任制，实行动态的目标考核，每季度采用百分制对考核结果进行定量评价。二是加大扶贫成效考核在综合考核中的权重，激励工作队“实干兴邦”的扶贫作风，建立以成效考核为主的综合考评机制。

3. 加强政治、生活保障，建立激励机制

一是政府需切实做好服务保障工作，除提供必要的生活条件外，还应该保障工作队参与乡村治理的权利。工作队大多数来自各级机关、企事业单位，在治理方面较乡村更加规范，通过工作队参与乡村治理，可以在决策透明公正、文化健康凝聚等多方面提升乡村的治理水平，完善贫困村的治理结构。

二是派出单位应建立明确的用人导向，对脱贫攻坚表现优秀的工作队员及时进行表彰和提拔，确保工作队员能够沉下心、待得住，充分调动工作队的主观能动性。

2020年是全面建成小康社会的决胜之年，时间紧、任务重。作为脱贫攻坚战中不可或缺的一股力量，全体驻村工作队员必须凝聚共识，凝心聚力，在习近平总书记关于扶贫工作的重要论述指引下，更好地发挥驻村帮扶机制的重要作用，坚决打赢、打好脱贫攻坚战，为实现第一个百年奋斗目标不懈努力。

第四章 精准扶贫典型实践案例分析

自2013年11月“精准扶贫”的理念首次提出，到现如今脱贫攻坚进入决胜阶段，在党和国家的领导下，全国数以百万计的扶贫工作者以高度的政治责任感和使命感，立足自身优势和受援地实际，通过教育扶贫、人才扶贫、智力扶贫、科技扶贫、信息扶贫、专业扶贫等多种方式，持之以恒深入推进脱贫攻坚各项工作，积累了宝贵的扶贫经验。

按照“已落地、见成效，典型性、创新性，可持续、能扩展，可借鉴、易推广”的标准，本章在全国诸多精准扶贫案例中，从产业融合发展、精准施策、基层治理以及驻村帮扶等几个方面，选取了部分高质量的、极具代表性及推广价值的典型案例进行系统分析和深入研究。

一、三产融合、七业并举，魅力“七彩银里”谱新篇

在各级党委的领导和部署下，燕山大学自2016年3月起派驻精准脱贫工作队，到河北省承德市围场满族、蒙古族自治县银窝沟乡银里村开展驻村帮扶工作。驻村工作队员秉承“不忘初心、牢记使命”的责任和担当，参与和见证了一个偏远山区的贫困村通过国家政策扶持，因地制宜，优化产业结构，最终实现稳定脱贫的全过程，这一精致化的精准扶贫理念和实践模式值得深入研究和思考。

（一）准确剖析贫困状况及成因

1. 资金和土地等方面的匮乏，造成资源制约型贫困

银里村地处县城东南35公里，为冀蒙两省交界地带，海拔1000米，行

政区域16000亩，耕地面积1679亩，区域内绝大部分为山坡地，气候寒冷多风、干旱少雨，无霜期不足120天，地下水位偏低。生态脆弱、基础设施落后、交通偏僻等多重原因，制约精准脱贫工作的开展。

2. 体力、智力以及技能等方面的匮乏，造成能力约束型贫困

村民收入来源为劳务输出、农作物种植、分散养殖以及林下经济。耕种作物主要以马铃薯为主，少量种植玉米、小米。常年在村居住的村民多为老弱病残，"空心化"严重。该村整体教育程度偏低，初中及以下占大部分。生产生活条件恶劣、劳动技能缺乏，导致产业滞后，严重影响脱贫增收的实现。

受上述种种因素制约，在2016年以前，银里村无工业和服务业，无集体经济收入，无致富带头人，是典型的贫穷落后"三无村"。

（二）明确扶贫工作理念，理清脱贫发展思路

习近平总书记在我国多年扶贫工作的基础上，针对过去粗放式扶贫过程中存在的扶贫方式单一、缺少长期规划、政策连续性不足、资源使用分散等内生性弊端和体制性矛盾，开创性地提出了精准扶贫战略。在精准扶贫过程中，必须要转变过去粗放式扶贫的思维方式，把"精"和"准"落实到扶贫攻坚的全过程，坚持因地制宜、因村施策、因人开方，把各项工作做实、做细、做实，实现动态管理，变"大水漫灌"为"精准滴灌"，使帮扶资源与帮扶对象实现精准对接、高效对接，从而形成合力攻坚效应。

驻村工作队立足村庄实际，发挥帮扶单位的智力与科技优势，致力发展集体经济，走产业脱贫、教育强能、共同致富的脱贫模式。探索党支部领导下的村民自治，初步实现民主选举、民主决策、民主管理、民主监督的"四个民主"，留下"永远不走的工作队"。经过四年多来的精准施策和帮扶，银里村已于2018年11月退出贫困村序列，建档立卡贫困户也于2019年10月实现全部脱贫。

（三）立足产业融合，着力精准脱贫

驻村工作队与村两委班子一起，以习近平新时代中国特色社会主义思想为指导，确定"扶贫先扶志、致富要提智、发展靠自治"的工作理念，并与

村干部和群众形成共识：不管是脱贫还是致富，必须依靠集体的力量，优先兴办产业，在党组织的带领下，走共同富裕的发展路子。通过贯彻落实各项扶贫政策，依托村庄自然资源，结合村民实际需求，紧跟县域经济发展趋势，先后筹建和扶持村内多项支柱产业，探索出一条以“康养旅游业为龙头、农产品加工业为主体、种养业为基础”的一、二、三产融合发展，游、康、工、商、种、养、采七彩产业精准脱贫的独特致富道路（如图 4-1 所示）。

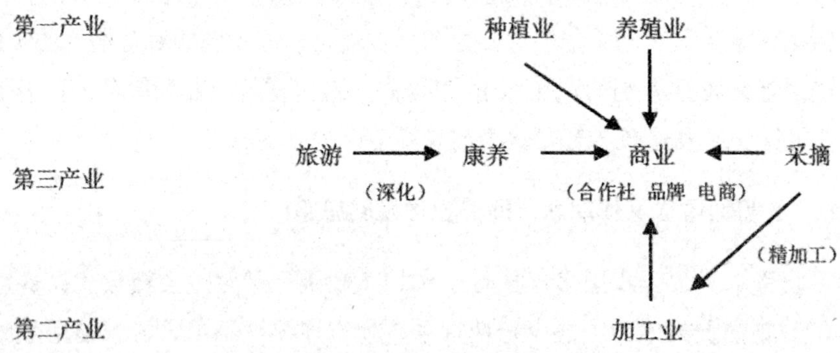

图 4-1 银里村三产七业发展关系图

1. 发展康养旅游产业，以服务业促增收

发展休闲农业，依托地区特色农产品、农事景观及人文景观等资源，积极发展带动贫困人口增收的休闲农业和森林休闲健康养生产业。实施休闲农业和乡村旅游提升工程，培育扶持休闲农业新型经营主体，促进农业与旅游观光、健康养老等产业深度融合。

（1）银里村所处的木兰围场是华北地区最大的人工机械林场，水草丰沛、森林茂密，被誉为“水的源头，云的故乡，花的世界，林的海洋，珍禽异兽的天堂”。作为河北省第三届旅游产业发展大会开幕式举办地，旨在“打造生态文明旅游新样板、乐享河北新标杆、全域旅游新范例，推动全域、全季、全民旅游产业大发展”。经过实地考察研究，银里村的秀美自然景观和古村落旧宅面貌具有极大的开发价值。银里村依托自身区位优势，围绕“生态旅游、绿色发展”的大会主题，紧跟全域旅游的东风，按照风险小、投资少、见效快和可控制的原则，立足周边山水特色优势，聚焦宁静、淳朴、和谐的民风，大力发展旅游产业。面对交通不便等实际难题，采取多种途径吸引中长期游客，打造差异化旅游。结合河北省美丽乡村建设项目的开展，推出“静美银里、创作休闲”特色旅游品牌，将康养旅游打造成龙头产业，吸引各地旅游者。

（2）推动农村资源变资产、资金变股金、农民变股东改革，通过盘活集体资源、入股或参股、量化资产收益等渠道增加集体经济收入。通过市场化手段，农宅变成创造收益的资产，老弱病残等无劳动能力的贫困户实现兜底保障，特色旅游接待能力大幅增加，实现了养老和旅游双赢的局面。

针对贫困与年老、失能相伴，空巢老人生活艰难，精神文化生活匮乏这一现实难题，成立静美银里农宅旅游专业合作社和银里酒店服务有限公司。采取以房抵养的办法，老弱村民拎包住进由合作社投资改建的康养中心，免费吃住，费用从合作社利润支出。搬出后闲置的农宅改建为特色民宿，房屋产权不变，使用权归合作社。合作社凭借天蓝、水绿、山青的洁净养生环境，打造“海南躲寒冬、银里避酷暑”的宜居品牌，对外出租乡居别墅，吸引北京等周边城市银发阶层等群体避暑休闲，在银里村享受美好安详的田园生活。在餐饮住宿配套服务方面，多方筹集帮扶资金30余万元，借力燕山大学艺术与设计学院，将搬出闲置的原村幼儿园改造成接待能力100人的“银里艺术酒店”，集餐饮住宿游玩等功能于一体，具有浓厚的艺术气息，满足旅游者的艺术化需求。

运行三年多来，开发2处民宿、5套农家院、30亩露营基地，打造出人字花谷旅游生态谷，累计营业额近50万元。摸索出“城里人下乡居住，年老村民上楼康养”的致富思路。依托政府支持和社会捐助，推进建设配套餐厅、厨房、浴室、活动室等服务设施的银里康养中心及养老院；建设拥有文化广场、公共卫生、绿化、亮化等附属设施的老年人互助幸福院；改造旧碾坊、百年老井、扇车等农机具，打造农村传统手工业文化广场，丰富乡村旅游资源，打造成艺术采风写生、农村养老康养、露营体验、户外素质拓展、研学实践基地以及房车自驾车旅行等极具乡村特色的深度综合旅游度假区。

2. 做强农产品加工业，以产业结构转型促致富

促进产业融合发展，深度挖掘农业多种功能，发展特色农产品加工业，加强农产品加工技术研发和推广。为配合旅游产业的发展，加大优质特色农

产品的深加工，增加农产品吸引力和附加值。

（1）银里村森林覆盖率高达 80%，村民每年捡拾鲜蘑菇贩卖成为增收的有效途径。但鲜蘑湿度大，难贮存，且售价较低。个别家庭和小商贩利用燃煤型烘干机进行加工后储存和出售，但这种加工方式存在煤尘污染、浪费能源和人工等缺点，不符合无公害产品和环境保护的基本要求。利用银里村森林覆盖率高，野山菌价值大的自然资源优势，结合自身优势特色，借助燕山大学机械工程、控制工程等一流学科，校村联手，研制出银里村有史以来第一台大型机械设备——日处理 5000 斤鲜蘑的电热自动食品烘干机，实现该村工业零突破。

因地制宜开办企业，发展扶贫车间，吸纳贫困家庭劳动力就近就业。为实现规模化效益，注册成立村集体所有的银里机械制造有限公司，吸收燕山大学 3 名科研人员技术入股，负责产品设计研发、技术更新及售后服务。燕山大学产业集团捐助 10 余台车床等机械设备，并对村民进行技能培训，手把手教授烘干机的加工制造原理、方法及设备操控、维修养护等方面的技术，使之成为第一批离土不离乡的产业工人。

经过三年多来的发展，机械厂现已生产出大、中、小三型食品烘干机，面向工厂、作坊以及家庭等不同层次和规模的用户使用，累计销售额近 30 万元。获批 2 项国家技术发明专利、3 项实用新型专利，实现产学研良性互动。

（2）深入实施网络扶贫行动，推进网络覆盖、农村电商以及信息服务工程，创新“互联网 +”扶贫模式。实施电商扶贫，建立农村电子商务服务站点，探索电子商务进农村，扩展农产品销售渠道。注册“银里”商标，打造银里品牌，开设“银里特产”淘宝网店，建立了“缘聚银里”微商销售平台，把“银里牌”蘑菇、手工粉条、红谷小米、柴鸡蛋和葵花籽油等农副产品推向市场。

通过提高产品品质，拓宽销售渠道，提升产品附加值，银里村的农副产品为村民实现大幅增收。驻村工作队邀请燕山大学艺术与设计学院将银里周边作为视觉传达专业毕业设计元素，师生们为银里设计了地图、Logo、彩绘、手办以及产品包装等精美的文化创意产品，丰富银里旅游产业的价值和内容，受到游客们的热捧，既扩大了银里品牌的影响和知名度，又促进了农副产品的销量。将当地农副土特产品、手工艺品通过自驾车旅游渠道就地就近销售。

游客的小轿车后备箱、大客车的行李箱甚至座位上装满银里特产，形成具有银里特色的“后备箱文化”。

3. 提升特色种养业，以农业供给侧改革促发展

深入实施贫困地区特色产业提升工程，因地制宜加快发展对贫困户增收带动作用明显的种植养殖业、农产品加工业，积极培育和推广有市场、有品牌、有效益的特色产品。土地是农民的根本，种植、养殖业是农民赖以生存的生命线。为了引领村庄农业发展方向，驻村工作队提出让市场指挥农场，改变种植结构，拓宽种植品种，探索农业供给侧改革。

（1）发挥党员头雁带富作用，创办银里种植专业合作社。实施农业加减法，增加生态种植面积，减少化肥农药用量，为游客和城里人提供高标准杂粮和蔬菜，降低产量，提高产值。加强特色优势农产品生产设施建设，建成4000吨规模的马铃薯储窖和蔬菜保鲜库，通过完善新型农业经营主体与贫困户联动发展的利益联结机制，推行“订单农业”，实行“计划经济”，按游客需求种植，保底价收购，提高弱势群体收益，实现贫困户与现代农业发展有机衔接。

积极培育品牌特色农产品，促进供需结构升级。加快发展无公害农产品、绿色食品、有机农产品。为解决银里艺术酒店中深受游客青睐的小鸡炖蘑菇、笨鸡蛋等具有山村特色的菜品原材料供不应求的局面，村里成立养殖专业合作社，增加养殖项目，培育散养鸡品牌，建成“溜达鸡活动中心”，每亩地只放养柴鸡30只。贫困户不用投资，以自产玉米、蔬菜、上山打草、出工管理养鸡场等形式入股，年底获得股金收入。食客对满山飞奔的柴鸡和鸡蛋赞不绝口，上山抓鸡、捡蛋成为一项广受热捧的休闲体验项目。

（2）围场县与内蒙古自治区接壤，广袤的草原和寒冷的气候造就了羊肉独特的口感和味道。在“百万只肉羊产业化建设项目”的政策支持和天津市对口帮扶“肉羊产业+扶贫”项目的背景下，利用现有场地、环境等优势资源，与河北津垦奥牧业有限公司合作建设银里肉羊养殖示范场项目，免费投放500只基础母羊，以养殖专业合作社承包带贫的方式开展，同时创造多个就业岗位。

（3）深入推动易地扶贫搬迁，完善安置区配套基础设施和公共服务设施，同步规划建设产业园区，强化园区产业支撑，完善利益联结机制。银里村易地扶贫搬迁项目于2018年10月完工并入住，切实解决“两不愁、三保障”中最

为关键的一环。立足银里村资源禀赋、区位条件，从实际出发发展短期见效快、未来能够持续发挥效益的产业。流转易地搬迁腾出区土地130余亩，建成60亩苍术、黄芩等中药材种植观光园，雇佣有劳动能力的贫困户到园区工作，吸纳带动搬迁群众就近就业增收，为打赢精准脱贫攻坚战奠定坚实基础。

（四）建强组织堡垒，打赢脱贫攻坚关键战

深入推进抓党建促脱贫攻坚，强化农村基层党组织领导核心地位，切实提升村党组织的组织力，建强党组织战斗堡垒，引领农村稳定发展。经过多方共同努力，银里村发生了日新月异的变化，村民生活越来越好。为保证可持续稳定发展，驻村工作队与村党支部通过多种方式，加强对村民的教育引导，树立党员信心，培养诚信可靠的集体企业负责人，为银里村建强党组织，推动落实管党治党政治责任，吸引各类人才到村创新创业，打造不走的工作队。

为避免集体经济走入先公后私的老路，银里村建立了“一中三方”的村民自治机制。“一中”即以提高村民民主参与意识、民主管理能力和民主监督水平为中心，“三方”就是村监会、驻村工作队和乡党委、乡政府，从内到外加强监督检查，确保集体经济不变质、公共财产不流失。严格执行村务公开，引导村两委班子及时公布村中的大事小情，集体企业定期晒出收支账目，确保公共事务运行在阳光之下。

信息公开促进了党支部领导下的村民自治。银里机械厂厂长、电商经理以及艺术酒店经理、员工、绿化队员和保洁队员，都通过公开竞聘的方式进行，由村干部、村民代表和党员投票，驻村工作队和乡干部现场监督，公开、公平、公正地挑选出村集体企业的员工，规避了村干部任人唯亲的风险，实现了集体的事大家说了算的目标。

通过多种方式的宣传教育和引领，党建在脱贫攻坚中发挥战斗堡垒作用。例如：传播社会主义核心价值观、市场信息和生产技能的银燕广播站，向党员干部推荐好书、共同学习提高的银里读书会，将“叶子上的银里”全方位展现在受众面前的微信公众号，时刻传递正能量的银里村民交流群和党员交流学习群，记录全村每一户日新月异变化的脱贫攻坚信息系统，等等。在思想教育和产业实践中，村党支部的凝聚力、组织力、战斗力逐渐增强。在修

路资金不足、村民急切想修好自家门前路的关键时刻，党支部书记和村委会主任主动承诺："全村都修好入户路后再修我家的！"看到党员干部带头，谁也不好意思再开口争，关系到村民福祉的实事顺利解决。急难险重往前冲，轻松得利往后让，干群之间的矛盾消融了，党员的先锋模范作用发挥出来，党支部的威信在自主发展中树立起来。村民主动腾出给孩子结婚的房子提供给合作社搞农宅旅游，却不要一分钱。大雪后全体村民老少齐上阵，将新铺的水泥路清理得干干净净。群众谋事、干事、成事的热情和信心被调动起来，村里路修好、桥建起、村容村貌洁净优美。

通过精准脱贫工作的不断推进，银里村坚持创新特色品牌，走差异化道路，立足区位和资源优势，采用"党支部＋集体企业＋贫困户＋品牌特色"的精致化扶贫理念和实践模式，壮大集体经济，并以集体企业为依托，制作新机械加工设备，提高农产品深加工水平，扩大品牌知名度，拓展网络营销渠道，用品牌带动脱贫，从而实现村集体和贫困户互利共赢。现如今，银里村已发展成为河北省美丽乡村建设精品村、围场满族蒙古族自治县乡村旅游示范村、农村党员干部教育培训基地、燕山大学社会实践基地、秦皇岛市美术家协会写生基地等，是远近闻名的示范村，圆满完成了全村脱贫这项艰巨的政治任务。

二、"微工厂"闯出施策新路径，魏县品牌脱贫美名扬

近几年，凭借着本地区的资源优势，河北省邯郸市魏县在开展精准扶贫方面取得了一些成效，探索出极具特色的"魏县路径"。全县始终把脱贫攻坚作为头等大事，调动干部、资金、项目等要素予以倾斜，不仅摘掉戴了30多年的贫困县帽子，而且创出了全国推广的脱贫经验，走出了一条人口大县的脱贫之路。

（一）立足实际，精准施策

魏县地处河北省东南端、冀鲁豫三省交界处，隶属河北省邯郸市，属黑龙港流域，县域总面积862平方公里，全县常年粮食复种面积达120多万亩。林业面积达29万亩，森林覆盖率达25.35%。全县561个行政村，截至2019年总人口108万，是国家扶贫开发工作重点县，也是河北省人口大县、农业

大县，国家级园林县城，省级文明县城，省级双拥模范县，还是联合国地名专家组中国分部认证的千年古县。

2001年，魏县被国务院确定为新世纪扶贫开发工作重点县，原有贫困村143个，其中老区村99个，占贫困村总数的76%，贫困人口19.1万人，其中重点村贫困人口13.2万人，面上贫困人口5.9万人。其贫困面之大、贫困人数之多，位居全省乃至全国前列。面对这一艰巨的政治任务，魏县积极响应国家号召，将扶贫工作视为涉及国计民生的重大政治任务，确定了2018年实现脱贫摘帽，再用两年时间巩固提升脱贫成果，到2020年和全国一道同步迈入全面小康社会的战略目标。围绕这一目标，县委县政府扛起脱贫攻坚政治责任，坚决贯彻党和国家“精准扶贫、精准脱贫”的战略思想，以脱贫攻坚统揽经济社会发展全局，把脱贫攻坚作为全县最大政治任务和民生工程，把握“精准”要义，下足“绣花”功夫，调动干部、资金、项目、政策等一切要素向脱贫倾斜，以较真碰硬的韧劲和善作善成的精神破解了一个又一个难题，办成了一件又一件大事要事。

按照国家“一体两翼”扶贫开发战略、河北省扶贫开发“四项重点”工作和邯郸市扶贫“三大工程”的要求，动员全党、发动全民，坚持以贫困村为主战场，构建了县委书记、乡镇党委书记、农村支部书记三级书记抓扶贫责任体系，建立完善脱贫攻坚责任、政策、投入、产业、监督、考核等六大工作体系；发动全县干部开展“三助三办”“六查一算一帮一建一告知”等一系列活动，取得了明显成效。以贫困户为主要对象，以整村推进项目建设为载体，以实施“两周转”产业增收项目为主要抓手，大力培育扶贫产业化龙头企业，实施以“细胞工程”为主的示范村、示范户项目建设，狠抓基础设施、重点村公益和社会事业建设，全县扶贫开发工作成效显著。

（二）因地制宜，产业发展铺就崭新路径

为改善群众生活水平，提高扶贫效果，实现贫困户早日脱贫，魏县大力开展产业扶贫，帮助贫困户增收。为深入贯彻落实国家、省、市、县关于实施产业扶贫、坚决打赢脱贫攻坚战的精神，切实做好产业精准扶贫工作，实现脱贫不返贫的目标，魏县根据留守人员实际情况开展了以家庭手工业为主

导的产业发展方向。

魏县作为劳务输出大县，农村留守妇女、老人等半劳力、弱劳力约12.6万人，其中贫困人口约1.8万人，如何让这些人也有事干，也能挣钱，曾是魏县亟须破解的一道难题。在调研之后发现，魏县多达30万的常年在外务工人员中，经济能人多，有的想返乡创业，但苦于找不到项目和载体。对此，魏县县委、县政府审时度势，大胆决策，紧抓京津冀协同发展，北京、雄安等地劳动密集型加工企业陆续外迁，提出“以创业促就业”的指导思想，吸引在外能人返乡创办“扶贫微工厂”，发展箱包、服装、电子元器件等劳动密集型加工业，让半劳力、弱劳力实现在家门口就业，探索出了一条群众增收、村集体增益、企业增效、产业增强“一举四得”的产业化扶贫新路径。

魏县因地制宜创新性地打造了“扶贫微工厂”这一新型扶贫模式，充分利用农村剩余妇女劳动力（如图4-2所示）。由所在乡镇政府、村出面协调以800～1000元/亩的价格进行土地流转，建设“家庭微工厂”（规格分为300平方米和400平方米两种）；由县扶贫办统一验收，统一拨付补助资金。建成后的“工厂”，所有权归村集体，经营权归家庭手工业、加工业业主，采用“股份合作”的模式发展生产。向村缴纳一定数额租金，增加村集体收入。通过这种做法，不仅可以实现贫困群众土地流转得“租金”，进厂打工挣“薪金”，参合入股拿“分红”，而且村集体也有了固定的收入。目前，全县已建

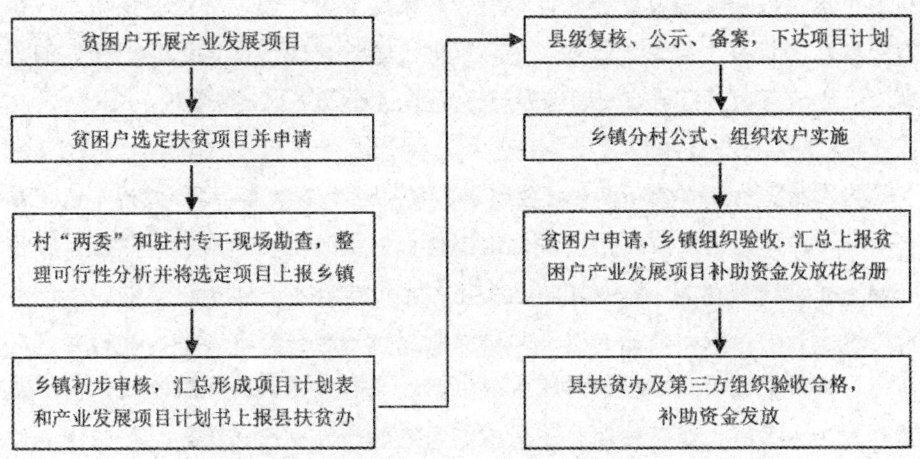

图4-2 贫困户开展产业扶贫项目流程图

设“扶贫微工厂”252家，带动贫困人口就业6160人，带贫率达到52.2%，贫困劳力年均增收1.8万元。群众纷纷称赞，工厂建在家门口，打工不再往外走；政府铺就脱贫路，生活富裕有奔头。

案例1：德政镇共17个村，2.43万人，辖有省级工业园区，有后西营、大寨、前小寨、德四、安张庄5个贫困村，2017年经过建档立卡“回头看”，全镇共有贫困户513户2101人。德政镇充分利用扶贫产业，提高了群众收入，极大加快了全镇贫困群众的脱贫步伐。其中前小寨借助县委、县政府建设扶贫微工厂的东风，积极联系外地知名企业，把上海篆阳新能源科技有限公司产品生产厂引进前小寨，引进了先进生产设备和技术，聘请专业技术人员10余名进行业务指导，主要生产光伏电板和太阳能路灯，产品主要销售到北京、天津、山东、河南和内蒙古等地区。后西营村主要打造以“观光农业”为主题的“鲜蔬小镇”，发展蔬菜种植业，现种植蔬菜1100余亩，利用大棚和中小拱棚种植的占95%，在村党支部的指导和规划下，在村西已建成了蔬菜交易市场，每天都有商户到市场收菜。

（三）因势利导，利益联结实现互促共赢

让那些缺少技能和劳动力的贫困户单打独斗，在一定时期内很难看到脱贫成效，魏县依托龙头企业（公司）或专业种植合作社，积极带动更多建档立卡户参与，采取劳资合作、订单生产、集约经营，建立利益联结机制，努力实现互促共赢。按照“成熟一个、审批一个、建设一个、达效一个”的原则，因地制宜、因势利导发展项目扶贫。重点采用以下三种模式：

1. *龙头企业带动模式*

即“龙头企业（公司）+村级组织+建档立卡户（农户）”模式。依托龙头企业（公司）建立园区，所用土地由所在村组织负责流转，并“打包”租给龙头企业（公司）。龙头企业（公司）负责对园区进行统一规划、统一品种、统一品牌、统一销售（以下简称“四统一”），并与村委会、建档立卡户（农户）签订“三方协议”，对园区内生产的产品按协议价保底回收，保障建档立卡户（农户）收益稳定。园区内的大棚建档立卡户（农户）按照规划自行建设、发展生产，建成后的大棚所有权归建档立卡户（农户）。其中，建档

立卡户建设大棚所用资金由县财政整合涉农资金进行补贴，不足部分通过小额扶贫贷款解决（如图 4-3 所示）。

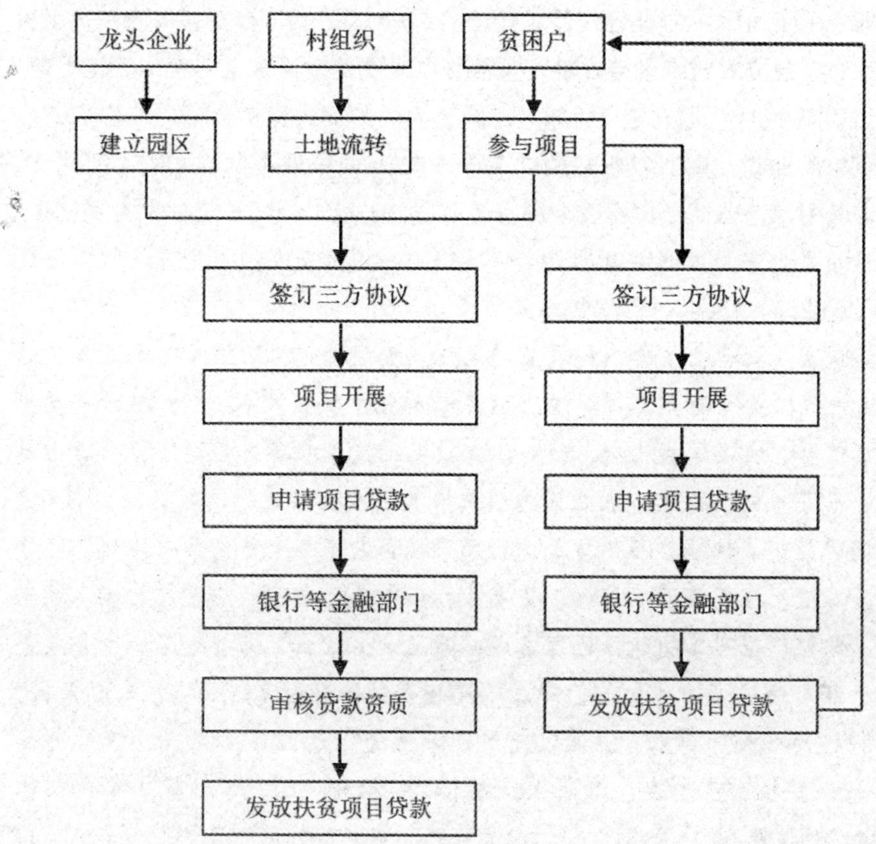

图 4-3 “龙头企业（公司）+ 村级组织 + 农户 + 银行” 合作社模式

2. 经济能人引领模式

即“经济能人 + 村级组织 + 专业合作社 + 建档立卡户（农户）”模式。由所在贫困村党组织引领经济能人创办合作社或依托现有合作社，采取“能人引路、规模种养、统一经营、保底收购”模式，建立扶贫产业园区。园区内建设大棚由建档立卡户（农户）按照规划自行建设，大棚所有权归建档立卡户（农户），其中，建档立卡户建设大棚所使用资金采取“补贴 + 贷款”方式解决。运作中由经济能人、村委会、建档立卡户（农户）签订“三方协议”，以此解决建档立卡户（农户）在农业产业发展中规模小、缺技术等问题和难题，最大限度降低其生产经营风险。

3. 村级组织统筹模式

即“村级组织+专业合作社+建档立卡户（农户）”模式。由所在贫困村党组织牵头建立农村专业合作社，按照订单农业的发展理念，统一流转土地，统一组织规划，建设扶贫产业园区。园区内的大棚由建档立卡户（农户）按照规划自行建设，所有权归建档立卡户（农户），发展上同样采取“四统一”模式。其中，建档立卡户建设大棚所使用资金采取“补贴+贷款”方式解决。合作社负责为参与生产的建档立卡户（农户）提供统一技术指导与服务，帮助其实现快速、稳定、持续增收。

案例2：北台头乡台西村农业园区就是典型的“村级组织+专业合作社+贫困户”模式。由台西村党组织牵头建立农村专业合作社，根据订单农业的发展理念，统一流转土地，统一组织规划，建设扶贫产业园区，然后由村组织出面寻找销售出路。农业园位于北台头乡政府东北，涉及台西、台后2村，园区集蔬菜种植、绿化苗木、瓜果采摘等农产品生产销售一体化。共分大棚、养殖、绿色蔬果、保鲜、花卉、办公服务等若干功能区。大棚、绿色蔬果、保鲜、花卉等功能区已经建成并开始产生效益，保鲜冷库和办公服务设施已经启动建设。其中，已建成瓜果蔬菜种植大棚48个，面积60余亩，主要种植西红柿、黄瓜、豆角、青椒、甜瓜等绿色蔬菜瓜果，年产量可达4500吨；种植高产小麦、玉米200亩；种植柏柳、国槐、法桐等绿化苗木100亩；种植花卉50亩。

为最大限度地使贫困户从中受益，现代农业园区采取了“三位一体”运作模式：一是引导参与。积极引导贫困户自愿参与，通过集体发展大棚种植，实现成方连片，统一种植、统一管理、统一销售，增加种植效益，实现稳步脱贫。二是土地流转。对不具备生产条件或缺少劳力的贫困户支持其进行土地流转，将土地流转给种植大户，从中获取土地收益，现已流转土地近600亩。三是就地务工。对没有种植意愿但具备一定劳动能力的贫困户，安排其进入蔬菜大棚务工，直接取得工资性收入。

三种主要模式无一不是为了农户增收，此类模式最大亮点是不仅降低了农户参与的风险，而且增加了农户的收入，改善了贫困人口的生活水平，还带动了村集体乃至全县的经济发展。

（四）未雨绸缪，探索精准防贫新路径

在推进脱贫攻坚中，魏县按照邯郸市提出的“未贫要防”的工作部署，坚持先行先试，用改革的办法防贫、堵贫，创设“精准防贫保险”，即由县财政拿出400万元作为防贫保险金，按每人每年50元保费标准为全县10%左右的农村人口购买保险，并通过购买“第三方”服务，借助太平洋财产保险股份有限公司专业化手段，实施入户勘察核算，对经综合认定符合条件的防贫对象发放保险金。该保险最大的特点是不针对“一个人”，而是“一类人”，且保险金“多退少补”“余额结转下一年度”，此举不仅做到了“少花钱、多办事”，也推动了保险创新，实现险种由“定人定量”到“群体共享”的颠覆性转变。

通过精准防贫机制的建立，最大限度降低返贫致贫风险，从源头筑起了贫困发生的“截流闸”和“拦水坝”。目前，全县共监测相关对象8178人，经核实符合因病、因学、因灾救助条件的742人，发放防贫保险金758.21万元，人均万元以上。在2017年以来的贫困人口动态管理工作中，经过全面识别，魏县没有新增一户因病、因学、因灾致贫或返贫。

（五）巩固脱贫成果，打造“魏县品牌”，助力乡村振兴

一分耕耘，一分收获。2018年9月，魏县顺利实现了贫困县脱贫摘帽。但脱贫摘帽只是完成了阶段性工作，后续扶持巩固提升的任务依然十分艰巨。必须持续发力、继续奋斗，全力以赴抓好摘帽后的脱贫攻坚工作。一是统筹推进非贫困村建设。整合涉农项目和资金，有重点、有步骤地加强非贫困村基础设施建设，促进贫困村与非贫困村协调发展。二是提升产业扶贫质量。用足用好“3+X”长期稳定脱贫增收产业扶贫模式①，在扶贫微工厂基础上，继续因地制宜打造扶贫微工厂和扶贫产业园区，大力发展扶贫特色产业，提高产业扶贫效果和质量。三是用好精准防贫机制。充分发挥防贫大数据平

① “3+X”模式：“3”为劳务输出、股份合作制、“扶贫微工厂”三项覆盖面比较广的产业扶贫机制；“X”为因村因户选择光伏、电商、旅游、金融等扶贫模式。

台作用，通过加强防贫救助检测、提高防贫救助比例，努力让困难群众得到最及时、最有效的救助，确保脱贫人口不返贫、临贫人员不致贫，着力巩固脱贫攻坚成果。四是强化政策兜底保障。进一步完善就医“四重保障”机制，积极做好危房改造和教育扶贫，确保贫困人口稳定实现“两不愁、三保障”，不让一个贫困群众掉队。五是加快易地扶贫搬迁。全面加快工程建设进度，确保在建安置社区如期竣工、交付使用。同时，切实加强产业配套，全面启动社区配套扶持产业建设，确保搬迁群众搬得出、稳得住、有事做、能致富。

实施乡村振兴战略，加快推进现代农业发展，打造“魏县品牌”。2018年，魏县被农业农村部评为全国农村一、二、三产业融合发展先导区创建县，先后在全国“一村一品”产业扶贫经验交流会、农业产业化联合体现场会上进行典型案例推广。发展特色种植16万亩，杏鲍菇成功打入北京市场，培育梨兴园、幸福伞等商标品牌8个，魏县鸭梨荣获京津冀果品争霸赛“梨王”称号，被评为河北省区域公用品牌，被列入河北省特色水果优势农产品。在农村环境整治方面，大力推广“七户联保”模式，积极推动农村厕所改造，初步实现农村污水有效治理，引入3家专业公司，城乡垃圾一体化处理实现全覆盖。垃圾焚烧发电项目全省第二家实现并网发电，有效解决了城乡垃圾污染空气、多占土地问题，争创全省农村人居环境整治整体推进县。

魏县作为农业大县，任何时候都不能忽视农业、淡漠农村、忘记农民。经过多年努力，魏县精准扶贫工作在多个领域取得丰硕成果。“扶贫微工厂”列入全省产业扶贫十大典型模式，入选《全国脱贫攻坚100计》；两次在浦东干部学院介绍魏县脱贫攻坚实践经验；中央电视台《焦点访谈》深度报道，精准防贫机制在全国推广。脱贫只是底线任务，在全县人民的共同努力下，在党和政府的正确领导下，将着力巩固提升脱贫成果，以实施乡村振兴战略为引领，深入推进农业供给侧结构性改革，致力开创乡村振兴新局面，圆满完成脱贫攻坚决胜之战，全面加快小康社会建设步伐。

三、建“三家村”引“致富凤”，绘霍山文旅扶贫新蓝图

“作家村、画家村、摄影家村，村村出彩；低保户、五保户、贫困户，户

户脱贫。”这是位于大别山腹地安徽省六安市霍山县单龙寺镇的一位贫困户对文旅扶贫“三家村”的有感而发，也是霍山绿色减贫的真实写照。

近年来，霍山县深入践行“两山理论”，充分挖掘提炼特色山水、产业、文化资源，发挥“文化+旅游+扶贫”综合效应，将脱贫攻坚与乡村振兴紧密结合，依托原军工厂遗址和山区特色旅游资源，打造了月亮湾作家村、仙人冲画家村、屋脊山摄影家村“三家村”文旅融合特色景区，加快了县域旅游经济发展，提升了贫困群众脱贫质量，为大别山革命老区脱贫攻坚注入了磅礴动力。

（一）做文旅扶贫“大文章”

霍山县东西溪乡是一块红色的土地，1965年年初军工企业“淮海机械厂”在这里兴建。1978年，退出历史舞台的淮海机械厂整体搬迁，曾经一度繁华热闹的东西溪乡，再次回归深山古村的寂静与萧条。脱贫攻坚战打响之后，借着政策的东风，如今这里建成了远近闻名的“中国·月亮湾作家村”。

在画家村“印象三线”展厅对面，矗立着两幢青砖黛瓦的二层小楼，这里曾经是原淮海机械厂的青工宿舍。东西溪乡将这里修旧如旧，保留了原有军工建筑的外貌，内部进行了重新装修，改造成一处民俗式宾馆。“这个民俗项目由一个退休的村主任接手负责管理，在本地招聘了3个家庭有困难的贫困户和边缘户负责日常卫生和接待。”东西溪乡乡长汪琴介绍。东西溪乡利用原淮海机械厂存量旧厂房，通过吸引争取社会资金和整合项目资金等方式，先后斥资近2000万元，整修改建了三线食堂、扶贫民宿、接待中心、农副产品展销超市等设施，打造集“吃、住、游、玩、购”为一体的大别山“印象三线”创意文化产业园，在实现“变废为宝”的同时，促进了贫困村增收益、贫困户得实惠。东西溪乡在作家村一期、二期工程运营时就吸纳了56名贫困户员工。三期工程仅绿化、环卫和场地服务就又能安排60余名贫困户就业。

2018年，月亮湾作家村扶贫项目为该乡4个贫困村新增集体经济收入15.36万元，56名贫困人口实现就近就业，177户贫困户收益分红9.22万元。在2018年年底的年货节期间，16户贫困户累计销售农特产品5万元。通过月亮湾作家村的引领带动，周边的桃李河村大别山青茶、东溪村山泉水养鱼、余家畈九里河大峡谷景区、杨三寨风景区山野茶等特色旅游农特产品销售火爆，已形成“一枝独秀、星点簇拥”的文旅扶贫新模式，为其他地区的文旅扶贫发展提供了借鉴案例。

（二）画文旅扶贫“致富图”

霍山县诸佛庵镇利用原江北厂遗建筑，深度开发仙人冲军工企业遗址和8处景观，集中建设一批画家工作室、名家展示厅、生活体验区，把仙人冲村打造成集画家创作写作、旅游度假、休憩观光、精准扶贫为一体的“画家村”综合旅游扶贫项目，吸引了中国美术家协会主席范迪安等85名国家级知名艺术家入驻。中央美术学院、中国美术报、北京南海画院、敦煌美术院等一大批艺术教育教学机构纷纷签约进驻，以“有山美地”扶贫民宿和南北美术馆为代表的旅游企业纷纷开业。

霍山县通过成立安徽省大别山仙人冲画家村旅游开发公司，鼓励发展农家乐、设立扶贫驿站、开发公益岗位、提供务工机会等多种方式，帮助景区所在村及周边村群众在家门口实现增收致富，在让小山村完美蝶变的同时，也让更多乡民吃上“艺术饭”。据统计，在画家村建设过程中仅建设基础设施一项，就为9户贫困户提供常年务工机会，并实现稳定脱贫致富；32户贫困户通过经营农家乐、销售旅游产品等方式，成为该项旅游项目直接受益者。

（三）照文旅扶贫“幸福相”

2014年6月，单龙寺镇屋脊山被中国摄影家协会授予“中国摄影创作基地”称号。为更深层次挖掘旅游资源、助力脱贫攻坚，单龙寺镇积极利用济广高速道口交通和大别山风景道旅游资源优势，先后投入1200余万元，聚力打造华东地区第一个摄影家村。近年来，单龙寺镇还倾力打造十里山水画廊和茶叶观光长廊，并在集镇和大别山风景道沿线推进鲜花小镇建设，以鲜花种植、园林绿化等塑鲜花小镇的“形”，并发展花卉基地壮大鲜花产业铸鲜花小镇的“魂”。依托“好风景”，擦亮旅游招牌，成为该镇推进乡村振兴的真实写照。不光是屋脊山，长院露营地、唐冲风情街、莲花地茶叶生态观光园等景点都成了镇上的旅游“新名片”。“好风景”被串成“好风光”，单龙寺镇已被越来越多的普通游客列入旅游行程。据不完全统计，2018 年上半年，该镇就迎来游客超过 10000 人次。面对纷至沓来的外地游客，镇上居民笑开了花，纷纷以农家乐、民宿等多种形式“捞金”。以农家乐为例，镇上有近 10 家农家乐月营业收入超过 4 万元。

另外，单龙寺镇还成立了百丈涧农民专业合作社，盘活村级闲置集体资产，打造屋脊山旅游扶贫民俗，通过招收务工、流转土地、资产入股、收购农产品等形式，共带动扫帚河村 15 户贫困户，每年增收 5000 元以上。目前，单龙寺镇正在进一步完善提升景区服务功能，从而更好地发挥文旅扶贫效益，通过带动农家乐、民宿以及现代观光农业发展，促进更多的贫困户增收。项目建成后，将带动扫帚河、东风桥两个村 323 户 878 名贫困人口围绕旅游发展产业，实现稳定脱贫。

霍山县文旅扶贫“三家村”建设的成功，是筑“文旅巢”引“致富凤”的典型案例，不仅走出一条富有特色的“文旅扶贫”绿色之路，还为贫困群众擘画了脱贫致富的“新蓝图”，更为衔接乡村振兴战略打下坚实的基础，霍山“三家村”扶贫印迹在大别山革命老区脱贫攻坚进程中留下浓墨重彩的一笔。

四、“小超市”激活“大动力”，清河“我要脱贫”显成效

清河县隶属于河北省邢台市，是河北省非贫困县贫困人口过万的 3 个县之一。2017 年年底时全县共有建档立卡贫困人口 10082 人，贫困发生率 2.8%，其中一般贫困人口 3426 人，占比 33.9%；无劳动能力的 6788 人，占比 66%；有一定劳动能力、有就业意愿的贫困人口仅占 30%。为解决贫困人口内生动力不足问题，清河在各乡镇设立“脱贫动力爱心超市”，采取以表现换积分、以积分换实物的形式，以奖代补、多劳多得，让贫困群众在得到实惠的同时，激发主动脱贫、乐于脱贫的内生动力。

（一）“热”脸贴“冷”屁股的扶贫现状

精准扶贫，既要“输血”，更要“造血”。清河县在脱贫攻坚工作中发现，一些贫困群众摆脱贫困的内生动力不足，脱贫信心和意愿不强，甚至有些地

方一度出现扶贫干部“热”、贫困群众“冷”的局面。

1. 存在“弱势思维”惯性

贫困群众大多属于弱势群体，由于他们长期在社会上处于弱势地位，在头脑中往往形成了“弱势思维”定势，对美好生活只是向往，但认为不可能实现，生活态度不积极，得过且过，造成了对自己信心不足、脱贫信心更不足。

2. 存在等靠要的“懒汉”思想

在贫困群众中，一些人确实没有劳动能力，需要帮扶救助，但那些有一定劳动能力、年龄又不太大的贫困群众，如果外出务工或参与社会劳动，完全有能力自主脱贫。他们贫困的一个重要原因是存在“等靠要”的“懒汉”思想，不想靠自身努力发展，而是寄希望于政府多给钱给物，等补助过日子、靠补贴过生活，形成了对政府的过度依赖。

3. 存在不愿脱贫的“讨巧”心理

在贫困群众中，还有一部分群体已经达到了脱贫标准，但是他们认为戴着贫困的帽子“暖和”“舒服”，把扶贫政策当成国家给他们的“福利”，把能够领到扶持资金当成小聪明，甚至当成炫耀的资本，这种投机取巧的心理，造成了他们不愿意摘掉贫困帽子的想法。

4. 脱贫光荣的社会氛围不浓

在当前扶贫工作中，无论是各级党委政府，还是帮扶责任人，对贫困群众的帮扶氛围已经很浓，但在贫困群众中还没有形成“我脱贫、我光荣”“我劳动、我光荣”的社会风尚，在一定程度上，还缺乏有效手段充分唤起贫困群众发自内心的尽快脱贫致富的强烈愿望，贫困群众之间比学赶超早日脱贫的氛围不浓厚。

对此，清河县委、县政府坚持问题导向，认为一些贫困群众不想脱贫、不愿脱贫的问题必须要有效解决，否则，不仅直接影响着其自身生活质量，还将成为制约全县按时完成脱贫攻坚任务的重要“风险点”。该县经过反复深入贫困群众中调研论证认为，“以增强获得感为杠杆、撬动贫困群众自主脱贫积极性”是可行之举，并于2018年7月份着手启动创办“脱贫动力爱心超市”、助力贫困群众脱贫工作，其运作模式为贫困群众参与、帮扶人员测评、参与群众按测评分值到“脱贫动力爱心超市”免费领取相应价格的物品、利用社会捐助资金补贴超市。该县7个乡镇都设立了“脱贫动力爱心超市”，逐步形成了一套完整的运转措施。

（二）突出“三个一”，保障爱心超市顺利运行

1. 突出顶层设计，确保“一张蓝图绘到底”

一是建立办事机构。成立了由县委副书记任组长的“脱贫动力爱心超市”领导小组，领导小组下设“脱贫动力爱心超市”建设管理工作推进组，由县妇联负责全县范围内“脱贫动力爱心超市”的建设指导、综合协调、指导验收等具体工作，并明确各成员单位分工，各负其责。二是制定规章制度。研究印发了《关于建设“脱贫动力爱心超市”的实施方案》《“脱贫动力爱心超市”测评积分办法》等相关制度文件，让“脱贫动力爱心超市”的建设管理运营做到有制度遵循。三是健全责任体系。在工作推进中，“脱贫动力爱心超市”接受县扶贫开发和脱贫攻坚工作领导小组的监督管理，并接受县民政、扶贫等部门的业务指导；各镇党委、政府负本辖区“脱贫动力爱心超市”工作的主体责任；县妇联负责全县“脱贫动力爱心超市”的积分卡制作、发放、兑换等具体工作，形成了各司其职、各负其责的责任体系。

2. 突出规范运行，确保“一把尺子量到底”

一是统一建设标准。为确保全县各地“脱贫动力爱心超市”规格一致、整齐划一，该县规定：原则上依托各镇有一定规模的超市或门店设立“脱贫动力爱心超市”，建设面积不少于20平方米，货物要包括粮油、生活用品、学生用品等物资种类不少于30类，并且要做到“八有”标准，即：有牌子、有专门区域、有货架、有物资、有制度、有台账、有标价、有专人管理。二是统一测评标准。为确保公平、公正，该县制定了详细的评分标准。每户贫困群众的基础积分是10分，考核积分为20分。其中，居住环境（院落、室内、厨厕干净整洁）占3分；内生动力（积极参加技能培训、积极创业就业、2017和2018年实现脱贫）占1分；配合工作（知晓扶贫脱贫政策、积极参加村内活动、配合帮扶人员工作等）占4分；美德建设（精神风貌较好、遵守社会公德、家庭和睦等）占2分。坚持每月一测评、一公示、一兑现。同时，对于年底被评为美丽庭院示范户、家庭美德示范户、勤劳致富示范户的，

一次性奖励100分；被评为市、省、县文明家庭或获得相应级别荣誉称号的，分别一次性奖励500、300、200分；当年有考上大专、本科、研究生的，一次性奖励200、300、500分。三是统一管理筹资。工作运行中，以县委、县政府名义印发了《致全县企业家的一封信》，制定出台了《关于推进民营企业及社会各界助力精准扶贫行动的实施方案》，鼓励引导全县民营企业和社会各界助力精准扶贫，并开展了多种形式的募集捐助活动；对于所募捐到的善款，在县慈善总会设立专项账户，由县慈善总会负责统一管理。截至目前，全县已兑现爱心积分卡折合人民币近20万元。

3. 突出监督检查，确保“一条规矩管到底”

一方面，建立管控机制。县“脱贫动力爱心超市”建设运营工作领导小组，定期检查各地建设进度、运营情况等，确保建设进度和运营规范；县委、县政府督查组不定期对“脱贫动力爱心超市”建设工作和运营情况进行检查、抽查，或到贫困群众中走访调查，了解运营情况和群众满意度；各镇安排专职人员每月底对“脱贫动力爱心超市”的物品进行一次盘点、统计，做到账目清楚、账物相符。另一方面，完善考核办法。县“脱贫动力爱心超市”建设工作领导小组根据超市物品种类、质量以及贫困群众满意度等，对全县的“脱贫动力爱心超市”定期进行评比、排名，对评比不合格、群众意见较大或排名最后的，取消其经营资格。同时加强对帮扶责任人、村“两委”干部的监督考核，根据贫困群众知晓率、入户评定率及评定真实率等，定期进行督导通报。

（三）改变帮扶方式，提升内生动力

清河县“脱贫动力爱心超市”工作运行以来，在对贫困群众的帮扶方式上，变过去逢年过节单一“米面油”的慰问帮扶，为贫困群众可以按己所需选择物品的经常性救助；变过去帮扶物品的“平均分配”为激励贫困群众的“按劳分配”；变要求贫困群众“要我脱贫”为引导贫困群众“我要脱贫”，取得了初步成效。

1. 增强了贫困群众的获得感

调查显示，贫困群众在享受原有诸多政策“红利”不变的基础上，通过

自身努力，每月都能拿到一定积分，免费换取家庭急需物品，对整体扶贫工作更加认可，对党和政府更加感恩，获得感明显增强。其中，该县油坊镇新街村的贫困户吴文彬说："过去老伴瘫痪在床，自己过得也没劲，现在政府不但给盖了新房，还每月给日常开销的钱，感谢党和政府想着咱们老百姓。"

2. *提升了贫困群众自主脱贫动力*

"脱贫动力爱心超市"的运营，特别是这种"以奖代补、多劳多得"的激励机制，有效改善了一些贫困群众"等靠要"的惰性思想和"不劳而获等帮扶"的消极思想，激发了他们主动脱贫的积极性。调查发现，有的贫困群众过去生活很消沉，缺乏内生动力，有严重的懒汉思想，指望救济，经过"脱贫动力爱心超市"的正向激励，充分认识到，自己多干一些活能挣积分，又有面子又实惠，主动出门打工的不断增多，目前已有 331 人实现了就业，家庭经济状况得到有效改善。

3. *融洽了贫困群众与帮扶干部的关系*

通过"脱贫动力爱心超市"，增进了帮扶责任人和贫困户的感情，增强了"帮"与"被帮"的和谐关系，真正做到了"扶"与"被扶"双方齐心协力，共同进步。过去有些贫困户面对帮扶责任人时有不耐烦的心理，自开展评分活动以后，贫困户主观能动性明显提高，积极配合帮扶责任人开展相应工作，而且两者之间的关系更加也融洽。

4. *改善了农村人居环境和乡风文明程度*

该县在推行"脱贫动力爱心超市"工作中，将调动贫困群众脱贫积极性与美丽庭院、美德建设、文明家庭创建等新农村建设有效结合，促进了农村人居环境的改善和贫困群众精神面貌的改善。该县一名村党支部书记感慨道："过去号召这些贫困户打扫卫生，喊多少遍都不动，现在是比着干。还有贫困户说，自己家里干净了，还能得积分换东西，干起活来更有劲了！"

（四）精准施策，凸显有益成效

实施精准扶贫、精准脱贫，各地要根据本地实际找准着力点。清河县创立的"脱贫动力爱心超市"，就是引导贫困群众树立主体意识的积极实践与探索，虽然只是取得了初步成效，但也为我们提供了有益启示和参考。

首先，激发贫困群众自发脱贫的内生动力，是打赢脱贫攻坚战的重要切入点。贫困群众是脱贫攻坚的对象，更是脱贫致富的主体。清河县通过创办“脱贫动力爱心超市”，引导贫困群众从最普通的打扫卫生做起，从最基本的熟知脱贫政策做起，从加强培训、提高劳动技能做起，从尊老爱幼、培养良好家风做起，全面提升日常“表现分”“以表现换积分、以积分换实物”，进而唤醒他们自主脱贫的信心和动力。

其次，汇集社会力量助力脱贫攻坚，是打赢脱贫攻坚战的力量源泉。党的十九大报告指出，脱贫攻坚要坚持大扶贫格局，动员全党全国全社会力量精准扶贫。清河县创办的“脱贫动力爱心超市”，不仅为社会各界力量积极参与、主动融入脱贫攻坚提供了一个有效平台和载体，更为今后进一步发动社会力量做好贫困群众的救助工作提供了依托和支撑，为早日打赢脱贫攻坚战、构建全社会踊跃帮贫助困的大扶贫格局进行了有益探索和尝试。

再次，将脱贫攻坚与乡风文明建设相结合，是实施乡村振兴战略的应有之义。“产业兴旺、生态宜居、乡风文明、治理有效、生活富裕”，是实施乡村振兴战略的总要求。清河县在推进“脱贫动力爱心超市”工作中，既涵盖了“村、院、室、厨、厕”等“硬件”建设，又涵盖了“诚、孝、勤、俭、和”等“软件”建设，这都是推进乡村振兴的重要内容。通过公开评比，奖先惩后，既“积”出了良好环境，又“兑”出了文明新风，实现了物质文明建设和精神文明建设齐头并进。

五、寻“贫根”弘扬孝道文化，扭“牛鼻”泗城脱贫辟蹊径

“百善孝为先”是中华传统文化当中的核心价值观之一，是我国德治体系的重要组成部分。然而在许多贫困地区，不孝亲、不尊老、不养老的现象仍然一定程度存在。一些分户老人被子女无情“推给”政府，因此失去基本生活保障，成为“名副其实”的贫困户，是当前扶贫工作中的一块极为难啃的“硬骨头”。

安徽省宿州市泗县泗城镇以精准扶贫方略为根本遵循，积极探索扶贫、脱贫动力机制的创新和培育，精准施策，将孝道文化融入精准扶贫，将扶贫

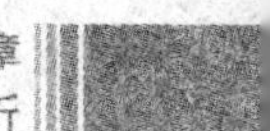

与孝亲相结合，将物质帮扶与精神帮扶相结合，着力解决老龄贫困人口脱贫难、易返贫问题，走出了一条法治、德治、自治相结合的“孝道扶贫”路子。2017年，全镇280名贫困老人通过孝道扶贫顺利实现稳定脱贫。

（一）调研查找“贫根”，靶向破局难题

2016年5月，泗城镇扶贫工作站在开展“回头看”新增贫困户核实工作时，发现一些老人长期与子女分开单住，子女未能尽到赡养义务，甚至有的老人与子女分户又分家后，子女推诿扯皮，拒不履行赡养义务，从而导致老人贫困。针对这一情况，泗城镇党委于2016年6月组织镇村干部、帮扶责任人结合“回头看”，开展为期半年的“遍访贫困群众行动”。5000余人次持续进村入户，开展调研帮扶，深挖致贫根源，落实扶贫政策，全面掌握了老龄贫困人口的第一手材料。

在调研的基础上分析得出，有的群众将赡养义务直接推给政府，有的非贫困户竟将老人作为争夺贫困“帽子”的“筹码”。2016年年底，泗城镇当时未脱贫的建档立卡贫困户中，60岁以上老人占比近半，贫困人口老龄化严重。这群贫困老人大致可分为两类：一类是孤寡老人、五保户、子女无能力赡养的老人，需政府兜底；另一类则是子女有能力却未尽赡养义务的老人，占比达七成。

泗城镇党委认识到，老龄人口贫困发生率居高不下，且呈现出易致贫、难脱贫、易返贫的现象，已成为影响全镇打赢脱贫攻坚战的重要因素；制约老年人脱贫的因素中除身体健康情况和劳动能力情况外，子女赡养问题尤为突出；扶贫不是养老，单独的物质帮扶难以做到可持续，需通过弘扬孝道文化，实现对传统价值体系的回归与重塑，让传统美德对个体形成约束，才能使贫困老人摆脱贫困，安享幸福晚年。

（二）弘扬孝道文化，引领价值导向

2017年1月19日，“泗城百姓大舞台 文明新风树起来”活动召开，代表着泗城镇“孝道扶贫”正式启动。这是泗城镇党委“孝道扶贫”的精准扶贫新思路，通过打造孝道文化宣传阵地，用群众喜闻乐见易接受的方式，深入推动孝道文化的群众宣传工作。在泗城镇每月一期的“泗城百姓大舞台”，将孝道文化、孝道扶贫故事编成精彩的节目搬上舞台，用身边人演身边事、身边人唱身边情，引发群众孝道共鸣。每周四的脱贫攻坚夜校大家谈活动，多次邀请孝道模范聊传统、谈家风、传孝道。进入新时代，泗城镇率先在全省实现了村居“新时代传习所”“新时代文明实践中心”的全覆盖，乡贤五老和热心群众通过说唱、朗诵、快板、顺口溜等方式，让群众对孝道文化耳濡目染。

同时，泗城镇坚持党员示范典型带动，营造“户户爱老敬老、人人尊老孝老”的社会氛围，引领“百善孝为先”“以孝为荣”的社会主义核心价值导向。泗城镇党员干部率先垂范“怀孝心践孝道五个一”活动：每月携妻子看望父母一次、每一个传统节日陪老人度过、每年为老人庆祝寿辰、每年陪父母体检一次、每月给父母一次生活费。有帮扶能力的党员干部与贫困老人结对，每月自带食材到贫困户家中开展同做同吃一顿家常饭、共同打扫一次家庭卫生、拉一次家常、留一份记忆、办一件实事的“孝老帮扶五个一”活动。每月评选出 3 ～ 5 名孝老爱亲“泗城好人”，通过“泗城百姓大舞台”进行表彰，让身边好人成为孝道榜样。通过对孝道文化多载体、群众化的宣传与引导，许多群众主动将“空巢”父母接回家中赡养。

（三）推动机制建设，孝道落地生根

在实际工作中，泗城镇既要把握好宣传的风向标，又要打造好落实的助推器。泗城镇党委、政府出台《泗城镇“弘扬中华孝道培育文明新风助力脱贫攻坚”实施方案》，围绕“一会两书一评一榜”工作机制，积极推动“子女尽孝、政府尽责、社会尽心”的孝道扶贫实践探索。全镇各村居成立“孝道监督委员会”，采用“1+2+N”的管理模式，即驻村第一书记任监督委员会主任，村居党支部书记、村居主任为监督委员会副主任，村居“两委”成员、老党员、退休老教师、退休干部为孝道监督委员会成员，负责村内孝道监督、孝道扶贫事务。

“孝道倡议书”明确规定了经济保障、生活照料、精神慰藉等赡养老人的主要内容，让子女赡养老人更加规范化、明细化。泗城镇党委号召全镇60

岁以上无劳、失能老人的子女签订“孝道协议书”，并由“孝道监督委员会”道德评议会每季度结合“十星级文明户”创评和“怀孝心践孝道五个一”活动，开展一次“孝道评议”。每个村还设立“孝道榜”，凡较好履约尽孝的子女在“红榜”公示，未履约尽孝者在“绿榜”公示，并通过村级广播广而告之。同时，按照履约情况，发放“孝道积分”，凭积分可在爱心超市中兑换生活用品。

截至 2019 年，泗城镇共计发放“孝道倡议书”1.2 万余份，共签订“孝道协议书”3600 余份，其中涉及建档立卡贫困老人 493 份，有效扭转了把老人推向政府养老的非正常现象。通过推动孝道扶贫机制建设，使赡养义务有法可依、有章可循、有人评判，让赡养义务在法律和道德的双重约束下履行，逐步引导贫困老人子女从“要我赡养”向“我要赡养”的转变，让孝道落地生根。

（四）设立孝道扶贫基金，助力脱贫攻坚

众人拾柴火焰高，镇党委积极倡导成立“孝道扶贫基金会”，设立“孝道扶贫基金”，通过“资金众筹、运营规范、多方监督”机制探索，有效解决了 60 岁以上无劳或失能贫困老人的脱贫难、易返贫问题。在村级资金筹集方面，确定 60 岁以上无劳、失能老人的每个子女按季度缴纳赡养金 300 元，村居委会按季度合理划拨集体经济收入；在镇级资金募集方面，发动本地企业、机关和企事业单位以及爱心人士等参与捐款捐物，全镇共计为孝道基金筹资 24.5 万元，为爱心超市筹物近 30 万元。泗城镇党委、政府出台《泗城镇孝道扶贫基金管理和使用办法》，采取专人、专户、专款、专用，资金收支有台账，按月足额发放到老人手中。资金筹集和使用有公示，孝道监督委员会监督贫困老人子女履约情况，政府、社会主体、贫困老人子女、群众监督资金使用情况，确保资金透明、安全、高效，钱清账明。

“因为有了党的好政策，俺老两口的吃穿都解决了，可总不能一直赖着政府吧。现在好了，儿女主动给钱花，俺再也没有什么可担心的了。”赵庄村一贫困户对乡镇干部说。泗城镇已经建立了比较完备的操作流程和规章制度，让孝道扶贫基金会制度化、规范化、透明化运行，在落实子女赡养义务的同时，搭建了企业、爱心人士和社会各界关爱贫困老人的平台，凝聚了社会大扶贫的合力，让贫困老人的生活更有保障。

（五）涵育文明乡风，完善治理格局

在推进孝道扶贫的过程中，镇党委积极推进乡村善治，探索法治、德治、自治相结合的治理格局。截至目前，全镇共开展贫困老人维权宣传 6 次，印发《老年人权益保障法》《安徽省法律援助条例》等法治读本 5000 余份，调解赡养纠纷 30 多起，提供维权咨询服务 100 余人次。结合“泗城好人”“好媳妇”“十星级文明户”等评选活动，充分发挥模范带动作用。2017 年以来，泗城镇共评选出“泗城好人”190 人、“好儿媳”38 人、道德模范 76 人。2018 年，共评选出“十星级文明户”113 户。一批孝道楷模与热心人士自发组建“孝道志愿队”，进村入户一对一地讲解宣传孝道家风，动员子女签订赡养协议，进学校开展孝老爱亲专题教育活动。目前全镇有孝道志愿者 1800 多名，开展各类孝道活动 30 余次，赋予了孝道文化新的时代内涵。

村民重新修改完善了村规民约，将孝敬老人作为重点着力凸显，在村组道路、安全饮水建设中，优先照顾贫困老人，同时全镇 3 家养老中心建成并投入使用；村委会、“孝道监督委员会”、民主议事会、道德评议会等自治组织充分参与，监督子女履约、监督资金收支、开展孝道评议、调解赡养纠纷，成功调解了 50 余起赡养纠纷，引导 1000 余户老人子女签订孝道协议，规劝 200 余户老人子女主动赡养老人。

“万民乡风，旦暮利之”，泗城镇党委紧紧扭住精神文明“牛鼻子”，通过弘扬孝道文化，激发内生动力，培育和践行良好家风、淳朴民风、文明乡风，提升了贫困老人的幸福感、获得感、归属感。这也让老龄贫困人口在“孝道扶贫”的路上达到能够有尊严地、稳定地脱贫。

六、精准打造“嵌入式”治理，广东基层党建走在先

在“嵌入”基层治理体系并于贫困村治理主体深度互动的诸多形式当中，驻村干部兼任贫困村第一书记主抓农村基层党组织建设，无疑是一种最为普

遍且极为典型的方式。早在2009年就开始的“双到扶贫”时期，广东省委组织部在《关于扶贫开发“规划到户责任到人”驻村干部选派和管理工作的意见》中，就明确要求驻村干部要一手抓扶贫、一手抓党建。抓党建方面，要指导驻点村抓好基层组织建设，协助当地排查村级运作存在的突出问题和群众反映的热点难点问题，做好整顿工作，着力抓班子、带队伍、建制度，为村、社区“两委”换届打好基础。

通过对四个分别由国有企业、政府部门和高校定点帮扶的贫困村中驻村干部推进当地基层党组织建设的举措和过程以及成效的分析，以点带面地呈现出精准扶贫战略下驻村干部嵌入贫困村治理的路径、机制及其局限，进而提出推进驻村干部与贫困村治理主体形成良性互动关系，以保障精准扶贫战略取得更好成效的思路和建议。

（一）驻村帮扶有力推进贫困村基层党组织建设

由于党政机关、国有企业、事业单位等不同职能部门所能够调配的资源和擅长的工作存在诸多差异，因此不同类型部门派驻到贫困村的驻村干部和在推进当地基层党组织建设过程中所采取的主要举措也略有不同。

1. 高校派驻第一书记推进基层党组织建设举措

广东省梅州市五华县梅林镇金坑村驻村干部作为高校老师，具有良好的党性和政治领悟性，学习意识很强，给村民带来了较为丰富的精神粮食，在驻村工作过程中，其抓党建的主要方式包括：

（1）加强思想建设，强化理论武装。利用自身的政治素质优势，针对金坑村的基层干部开设了党建理论知识的学习和培训，同时推动基层组织内部针对涉农的相关理论政策、产业发展、邻里矛盾等现实问题进行主题教育和专题培训。组织主题党课，通过党课使得基层干部增强了对精准扶贫理论政策的理解，对于农村基层党组织的思想建设与提升具有重要意义。

（2）推进基层干部队伍建设，选优配强村党组织成员。驻村干部入村狠抓队伍建设，在组织换届中，换掉了那些不做事的老党员，留下了积极富有活力的年轻党员，使得基层党组织的党员队伍结构得到了改善，有利于金坑村的党组织发挥基层组织的骨干作用，更好发挥先锋模范带头作用。

（3）着眼制度创新，为农村工作提供制度保障。驻村干部在驻村工作中着重完善基层党组织的制度建设，并且针对基层组织制度起到监督和纠正的作用。在其指导下，金坑村党支部重新建立了严格规范的村务监督制度，定期在村委报告栏和本村公众号上发布财务公开信息，扩展了村里群众了解本村情况的途径，健全了村务监督制度；重新建立了严格规范的会议制度，同时整顿班子风气，明确责任落实工作，督促基层党组织更加严格地执行三会一课制度，改变了金坑村基层党组织20年来党内会议制度涣散、形同虚设的情况；推动扶贫单位与金坑村共建党员活动室，使得其可以更好发挥党组织的战斗堡垒作用，建立起帮扶单位与被帮扶农村基层党组织交流的桥梁；对于农村外出党员，规范了针对他们的评优活动，督促党支部定期把学习资料发给他们，督促所有党员进行学习和评比，使得党组织的凝聚力更强。

（4）充分发挥党建引领作用，助力精准扶贫。在政治方面，驻村干部围绕精准扶贫的重要政策，带领农村广大群众做好精准扶贫工作和脱贫致富工作，发挥政治的引领功能，金坑村党支部成员的素质和能力得到提升，在实施项目的过程中工作效率更高，利用扶贫资金和专项资金不断完善村里基础设施，推进建立文化广场、打造特色产业等工作。通过村里基础设施的改善，村民增强了对基层党组织的信任和支持，从而加强了群众对政府工作的信任，增强了党群联系。

在驻村干部增强农村基层党组织经济引领功能的推动下，党支部成员挖掘金坑村的生态资源优势，通过“六＋工程”，即“合作社规范管理＋专家技术指导＋金苗计划培育＋绿色生态种植＋广美品牌设计＋电商推广销售”，精心打造了“金坑村金柚”品牌，通过产业扶贫促进农村增收，带动农民直接增收40多万元。指导种植大户联合成立梅州金进源金柚专业合作社，对“金坑村金柚”进行统一的技术、资金、包装、销售等支持，高起点高标准发展金柚产业。合作社已建成500亩的示范基地，有55户贫困户主动申请加入，人均年增收1500元以上，同时还带动了全村100多户农户种植金柚，“一村一品”的产业脱贫路径初步形成，大大提升了金坑村自身的“造血功能”。同时，金坑村基层党组织的服务功能也不断增强，在服务农村群众、解决人民内部矛盾、改善良好村风民风、推进农村建设中发挥着重要作用。金坑村基

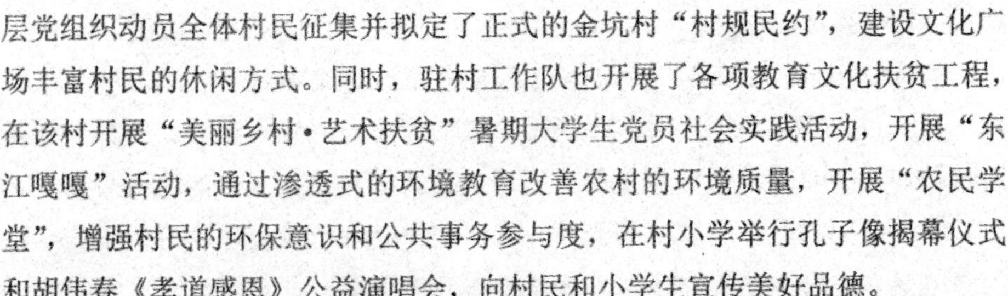

层党组织动员全体村民征集并拟定了正式的金坑村“村规民约”，建设文化广场丰富村民的休闲方式。同时，驻村工作队也开展了各项教育文化扶贫工程，在该村开展“美丽乡村·艺术扶贫”暑期大学生党员社会实践活动，开展“东江嘎嘎”活动，通过渗透式的环境教育改善农村的环境质量，开展“农民学堂”，增强村民的环保意识和公共事务参与度，在村小学举行孔子像揭幕仪式和胡伟春《孝道感恩》公益演唱会，向村民和小学生宣传美好品德。

2. 国有企业派驻第一书记推进基层党组织建设举措

作为国有企业派驻到贫困村开展帮扶工作的干部，广东省清远市连州市东陂镇东陂村的驻村工作队员们利用自身和帮扶单位的政治和资源优势，不断加强该村党支部建设。

（1）积极组织培训，用最新理论武装本村党员干部。与市、镇、村干部一同在东陂村委会召开座谈会，分析了当地的特色和资源，就如何更好地开展东陂村的扶贫工作进行意见交流，调动起基层党组织成员对理论政策的理解和实践的热情。同时，推动基层党组织创新党课形式、开展专题培训，解读十九大报告提出的乡村振兴战略，交流土地确权及农村集体产权制度改革工作的重要意义。

（2）巩固党支部制度建设，为农村工作提供制度保障。在驻村干部的指导下，东陂村不断巩固村民自治制度、村务监督制度及党支部内部的会议制度等。在选择贫困户的过程中，经镇村干部、村党支部、自然村小组成员、村民代表、党员代表等多方核实验证，召开集体民主评议大会，最终从1500多户农户中确定118户为精准扶贫对象，做到“精准扶贫，不落一人”，使得基层组织的凝聚力和活力得到提升。

（3）党建引领扶贫，因地制宜促进农村经济发展。在驻村帮扶过程中，驻村工作队从村中湘粤古道上重要一站的昔日繁华和长征路上留下的红色遗迹找到了帮扶的灵感，在“复兴东陂、活化古村”旗帜的引领下，联合基层组织成员共同打造一个集生态果园、多彩花园、绿色食品等8项功能于一体的田园综合体建设项目，队员们说：“省里要求把贫困村变成新农村建设示范村，我们的思路正好与之吻合。”通过为当地制定合理的产业发展道路，推动了村党支部成员积极投入到村中工作的实践中，提升自身的素质与能力，发挥政治的引领功能。

3. 党政机关派驻第一书记推进基层党组织建设举措

（1）以协调“两委”关系为抓手，激活村庄内生发展动力。驻村干部在进行培训大会时时常强调党建的重要性，团结村两委，缓解消除村两委的矛盾，集中发挥村庄领导班子的力量，切实把村支部建设成带领村民脱贫致富的坚强堡垒。对党建“红色村”建设工作高度重视，推动建设了广东省阳江市阳春市岗美镇谭簕村村委会新址、革命文化长廊选址、革命遗址谭簕铺仔寨交通站及坤岗自然村红色教育基地展馆，充分发挥红色文化资政育人，以党建激励奋进的巨大作用，把红色资源与农村建设融为一体，从党组织思想建设上推动发展。

（2）落实产业扶贫，发展农村集体经济，强化硬支撑。提出了“结合传统、因地制宜、一村一策、整合优化”的帮扶思路。考虑到村土壤污染小，昼夜温差较大，比较适宜种植火龙果，在驻村干部的协调努力下，谭簕村种植专业合作社与合作公司达成了合作协议，每年可收益 30%；为带动村民尽快脱贫致富，驻村干部发动全村 31 户贫困户入股村合作社，以“公司 + 合作社 + 贫困户 + 农户”的经营模式，投入扶贫资金 50 万元，建成种植面积 160 亩的火龙果基地，每年给贫困户保底分红 15 万元，不仅增加了集体收入，还帮助贫困户快速脱贫。

（3）建设“三站一中心”，充分发挥服务群众的作用。驻村干部始终从村民的需要出发，考虑到若分散地为每一位五保户进行危房改造，无人可照料年迈的老人，便建立了一个村级养老中心，让老人们居住在一起，极大地提升了老人的居住体验。其中的公共设施，也可以服务更多的村民。如今养老中心已经建成启用，有效改善了村里五保老人的生活居住条件，提高了农村老人的生活质量和供养保障水平，逐步实现农村五保对象集中供养目标。

（4）强调扶贫先扶志，重视教育扶贫，引导村民观念的转变。谭簕村自然村众多，村落高度分散，地理环境相对偏僻，人心涣散，村风不正，脱贫攻坚任务繁重。在驻村期间，驻村干部与村干部合力深入开展扎实的宣传教育，克服部分贫困户“贪图安逸、安于现状”“等、靠、要”和“小农意识”等进取动力不足问题。在受访时，驻村干部提到：“精神方面的追求是无止境的，不仅要物质扶贫，还要思想扶贫，要让他们认识到社会在发展，才能看得更高、更远……”。驻村干部还发动企业家筹款给孩子们购买学习物资，把筹措到的一台3D打印机带到了村里，教孩子们使用，鼓励他们好好学习，去到更好的平台。

多方面、多渠道地建立驻村干部与贫困村治理主体之间的互动机制，推进了驻村干部“嵌入”到村庄治理之中。驻村干部要协助当地选好配强村级班子特别是村党组织书记，加强村干部的教育管理，努力建设一支群众信得过、“双带”能力强的农村干部队伍，打造“永远不走的扶贫工作队”，以保障精准扶贫战略目标的有效实现。同时，还要为提升精准扶贫的综合成效提供方向指导，为决策者进一步完善驻村帮扶机制提供理论依据和政策建议。

七、让扶贫干部“能做敢当”，百色革命老区暖人心

习近平总书记指出，打好脱贫攻坚战，关键在人，在人的观念、能力、干劲。在脱贫攻坚战中，广西壮族自治区百色市打出“组合拳”，使敢担当、善作为蔚然成风，扶贫干部精神面貌焕然一新。

（一）为驻村帮扶加“油”

扶贫一线是检验干部作风的“试金石”，更是干部增长本领才干的“大熔炉”。在脱贫攻坚中，百色市对扶贫一线干部坚持严管与厚爱相结合，在加强严格管理的同时，还在提拔任用、评先选优、提高经济待遇、健全工作保障机制等方面加大关心爱护力度，强化正向激励，为驻村帮扶加满“油”。

首先，十分重视从基层选人用人。百色市出台《关于进一步加强村级党组织第一书记队伍建设的意见》和《村级党组织第一书记选派办法》《贫困村党组织第一书记保障激励办法》《贫困村第一书记考核办法》等“1+3”文件，建立了“四个一批”的选人用人机制，即对年度考核优秀、符合任职条件但继续留任的第一书记，驻村前提拔一批；每年按各职务层级第一书记总数20%左右、其他驻村工作队员5%左右的比例，择优提拔任用一批；对表现突出但暂未符合任职条件的列入优秀年轻干部库，培养储备一批；对上级

选派的优秀工作队员，由市委书面提出提拔任用建议一批。据统计，上一轮选派的754名第一书记中，已有130人得到提拔重用；2018年选派的第一书记已有21人得到提拔重用。田东县2017年村“两委”换届中新当选的党组织书记63人，村（居）委会主任96名，能上能下比例达47.6%，形成了重用脱贫攻坚一线干部的导向。

提高工作待遇。落实每位贫困村党组织第一书记1.5万元专项办公经费，5万元驻村帮扶经费，确保第一书记开展工作有保障。将工作队员伙食补助提至100元/天，落实300元/人的乡镇工作补贴，在通讯和往返公共交通上给予相应补贴。同时，在单位绩效考核上，专门增加第一书记奖励系数。通过提高经济待遇，让驻村工作队员在经济上更有“甜头”，使他们驻村更安心。

从生活细节关怀入手加强人文关怀。百色市全面改善工作队员的住宿条件，保证每个驻村工作组有一间卫生间、一台热水器、一台冰箱、一套炊具，每名工作队员配有一套卧具、一台电风扇，这些小小的细节，让驻村工作队员生活更方便，工作更高效。此外，还明确每年统一为工作队员安排一次健康体检，统一购买一份人身意外伤害保险，对因公负伤的做好救治康复工作。建立定期谈心谈话和走访制度，市、县组织部长坚持下基层调研必走访工作队员，督查组下基层督查必与工作队员谈话，派驻单位主要领导每半年至少与工作队员谈话一次以上，各乡镇（街道）党委每季度至少找工作队员谈话一次以上。通过谈话，及时了解队员的工作情况、思想动态，帮助解决各种困难和问题。

奖惩并举，促进干部作为。建立健全“第一书记”考评机制，对作风漂浮、敷衍塞责、工作表现差、群众不满意、成效不明显的，实行“召回”撤换处理，对被召回撤换的，当年年度考核直接定为不称职等次，三年内不得评优评先。属于培养对象或后备干部的，取消其资格，且三年内不得提拔或重用。经考评，因个人身体、家庭、岗位变动、工作调动等原因调整替换的有221人，有75名因工作表现差被通报，对表现较差的第一书记，视情况采取了约谈提醒、培训提升、召回撤换等方式加以整顿，其中被“召回”4人。同时，加强扶贫领域监督执纪问责。2018年以来，百色市共立案查处形式主义、官僚主义问题230起，占全市立案数的23.8%。结案189起，党纪政务处分 180 人，组织调整或处理 85 人。对扶贫领域作风问题典型案例进行点名道姓通报曝光 114 批 332 起。

让先进典型人物有荣誉、有平台。在《右江日报》、百色电视台等主流媒体开设专栏，营造鼓励担当作为、崇尚苦干实干的良好氛围。2018 年，市级以上媒体共刊播 54 人。在全市评选的 11 位“新时代新担当新作为”人物中，第一书记、工作队员共两名榜上有名。凌云县案相村第一书记苏勇力，2014 年 3 月主动申请到凌云县加西村担任扶贫工作队员，2015 年 9 月任加西村党支部第一书记。期间，他扎实履行职责，抓党建促脱贫，使加西村党支部 2016 年、2017 年连续两年被评为“全区五星级党支部”，2017 年全村贫困发生率从 2014 年的 39.4% 降到 0.8%，村集体经济收入达 9 万元，2016 年实现了整村脱贫摘帽。2018 年 3 月，在新一轮第一书记选派工作中，苏勇力再次主动请缨到条件更加艰苦的加尤镇案相村任党组织第一书记，继续为脱贫攻坚贡献力量。鉴于此，百色市委推荐苏勇力为百色市“新时代新担当新作为”先进典型人物，并推荐其兼任共青团百色市委副书记，使这匹“千里马”有了更广阔的驰骋平台。

（二）职业化管理提升村干部岗位吸引力

脱贫攻坚迫切需要一批懂经营、会管理、能干事、干成事的农村实用人才，但村干部选人难问题长期制约农村发展。2018 年以来，百色市以乐业县为试点，积极探索推行村干部职业化管理，以增强村干部岗位的吸引力，使更多优秀年轻人返乡创业。

“补贴制”变“月薪制”。在待遇方面，乐业县财政每年新增投入 330 多万元，将全县村支书、村主任月基本报酬从 1600 元提高到 3270 元。村支书、村主任“一肩挑”的，月基本报酬从 1800 元提高到 3600 元。同时规定，对连续任职 3 年以上且年度考核均被评为优秀的，按照 10% 的比例给予提高薪酬。近几年，乐业县甘田镇板洪村“两委”班子带领村民大力发展猕猴桃产业，在 2018 年第一批“红旗村”评选中，该村赢得三面红旗，按照每获得一面红旗村支书、村主任每月获奖励 500 元的规定，自 2018 年 9 月至 2019 年 9 月，板洪村党支部书记和村主任每月可获奖励工资1500元，加上月基本报酬，每月收入达4770元。

“半脱产”变“全日制”。在管理考核中，乐业县全面推行工作日8小时上班制和24小时值班制，确保群众办事有人接待，群众诉求有人收集，脱贫工作有人对接。每过半年，组织部门就要围绕党性修养、廉洁自律、队伍建设、带头作用、履职能力、群众满意度等方面，对村支书、村主任的适岗度进行量化积分考评，考评结果作为评先选优、绩效奖励的重要依据。

职业化的管理模式，有效激发村支书、村主任的创业热情。该县共有28个村级党组织被自治区党委组织部评为星级党组织，逐步形成“一村一个产业园（果园）、一村一片经济林、一村一个劳务公司、一村一个门面”的“四个一”村级集体经济发展模式，实现了“空壳村”清零的目标。

（三）“一票赞成”成脱颖而出之势

勇担当、善作为，是干部立身之本、成事之基。针对以往年度绩效考评方式程序烦琐、面面俱到、唯分唯票、人情照顾、不准不实等情况，百色市田东县在反复调研、充分论证和多层级征求意见的基础上，积极探索“一票赞成”制度。

“一票赞成”意在鼓励单位和个人冒尖出彩。凡是工作取得重大突破、重大成效的，经验做法在全国全区推广，获全国全区表彰奖励的单位，只要没有安全生产、环保、廉政等“一票否决”事项，直接将单位评为绩效考核一等单位，单位主要负责人年度考核定为优秀，而且不占本单位优秀名额，单位领导干部在提拔任用时优先考虑。两年来，田东县获得“一票赞成”认定的单位有27个，有3名干部因“一票赞成”得到重用，切实发挥了正向激励作用。同时，该县建立实名推荐制度，让选人用人更加阳光高效，让一批想干事、能干事的干部走上新工作岗位。2018年，田东县共推荐“上”的干部136名，推荐“下”的干部22名，转化运用46人。

（四）容错纠错为担当作为者松绑

作为当前压倒一切的政治任务，脱贫攻坚迫切需要一批敢为人先、高效务实的“突击队”和“爆破手”攻坚克难，打通消除绝对贫困的“最后一公里”。为此，百色市制定出台《百色市容错纠错实施办法（试行）》，有效解决了基层干部少干避错、为官不为问题。

明确容错条件，甄别区分原则，规范容错认定程序，规定澄清保护、纠错改正和结果运用等内容，着力营造敢于担当、崇尚创新、勇于改革、真抓实干的新风正气，让为民者能作为，让干事者不流泪。坚持依纪依法和“三个区分开来”相结合，把干部在推进改革中因缺乏经验、先行先试出现的失误和错误，同明知故犯的违纪违法行为区分开来；把上级尚无明确限制的探索性试验中的失误和错误，同上级明令禁止后依然我行我素的违纪违法行为区分开来；把为推动发展的无意过失同为谋取私利的违纪违法行为区分开来。提出要妥善把握事业为上、实事求是、依纪依法、容纠并举等原则，坚持做到保护改革者、鼓励探索者、宽容失误者、纠正偏差者、警醒违纪者。明确 7 种可容错情形和 8 种不可容错情形。同时明确规定，容错的基本前提是不违反党纪国法、勤勉尽责、无主观故意、未谋取私利。这一制度的出台，形成了合理容错纠错、鼓励干事担当的强烈导向，为攻坚克难、干事创业者松了绑，加了油，有效助推百色革命老区的全面小康进程。

第五章　精准扶贫的未来展望

脱贫攻坚战的决战号角已经吹响，精准扶贫工作在全国范围如火如荼开展，已经取得了丰硕的成果。农村贫困人口从 2012 年年底的 9899 万人减少到 2019 年年底的 551 万人，贫困发生率从 10.2% 下降到 0.6%。截至 2020 年 2 月底，全国 832 个贫困县中已有 601 个宣布摘帽，179 个正在进行退出检查，未摘帽县还有 52 个，区域性整体贫困基本得到解决。精准扶贫、精准脱贫作为脱贫攻坚期实施的基本政策方略，引领当下的扶贫开发全局工作。随着精准扶贫工作的全面实行，在实践中既有有利条件支撑，也不断面临和遭遇一些新问题。

精准扶贫实施的有利条件有：一是中央和地方高度重视和不断加大支持力度。将贫困问题作为经济社会发展中的短板，将打赢脱贫攻坚战作为全面建成小康社会的关键来抓，并为在 2020 年实现全面脱贫设定了明确的目标，这一系列关系全局的战略安排，把扶贫开发工作提到了新的战略高度。提出精准扶贫、精准脱贫基本方略，作为引领脱贫攻坚期的扶贫开发工作，既凸显了打赢脱贫攻坚战的坚定决心，又突出了精准扶贫、精准脱贫基本方略指导扶贫开发工作的中心地位。二是我国庞大的经济总量和总体经济实力为扶贫开发奠定了坚实的物质基础。虽然处在速度换挡、结构转型和动力转换的经济发展“新常态”和向更高质量经济发展的调整时期，但我国较雄厚的总体经济实力和可以预期的可持续经济增长趋势，为公共供给支持扶贫开发提供了保障能力。三是扶贫开发思路更加贴合实际，政策更加有力，措施更加到位，方法更加科学。经过政策调整，扶贫对象重点强调瞄准到贫困家庭和贫困人口，扶贫涉农资金的统筹权限下放到县，各类扶贫策略中的利益联结机制逐步建立，贫困识别方法和工作成效考评方法更加完善和科学。

在实践中涌现出的一些新问题有：一是减贫难度加大。经过多年扶贫，容易帮扶的对象基本已经脱贫，余下的都是难啃的“硬骨头”，一些贫困户面临多维贫困，生计脆弱，难以摆脱贫困，比如因病致贫的贫困人口比例超过四成，亟待抓住健康扶贫这个“牛鼻子”。二是经济增长的减贫效应下降。随着我国经济发展进入“新常态”，政府财政增量下降，依靠政府普惠式注资脱贫难度加大。一方面，需要扩大扶贫资源的来源渠道，引入社会力量参与，多元化投入支持扶贫事业；另一方面，需要创新扶贫资源投入方式，提高资金的投入效率和效果。三是贫困问题的系统性复杂性。新时期的贫困问题与区域发展问题、生态保护问题、社会保障问题、民族团结问题、社会稳定问题和可持续发展问题紧密相关，需要统筹谋划、综合协调，既要群策群力、形成合力，又要开发潜力、精准发力。四是深度贫困问题凸显。脱贫攻坚到后期，深度贫困问题是难点。以西藏、四省藏区、新疆南疆四地州和四川凉山州、云南怒江州、甘肃临夏州“三区三州”为典型的深度贫困地区，生存环境恶劣、基础设施薄弱、公共服务滞后，由于受到环境制约，区域性整体贫困也制约了贫困人口脱贫。这就需要综合产业扶贫和兜底扶贫，采取超常规的扶贫措施探索解决，兼顾区域发展和人口减贫。五是内生性贫困难题。扶贫的根本动力在于调动贫困人口的主动性和培育贫困人口自身能力，因此，扶贫要强调“扶志”和“扶智”。针对不同原因引起的贫困人口主观能动性较弱的问题，要通过引导、教育、帮带、鼓励等细致工作耐心施策。

在有利条件支撑的大环境和新问题涌现的实践中，一方面要坚定在精准扶贫、精准脱贫基本方略引领下，有能力如期打赢脱贫攻坚战的信心；另一方面，要认识到精准扶贫是一个系统工程，要正视实践中出现的问题，创新解决办法，落实具体工作，保证扶贫过程的有效性和扶贫成果的可持续性。具体而言，精准扶贫的难点主要体现在精准识别和精准扶持这两个环节，主要原因是缺乏有效的识别方法和工作机制。这就需要在对贫困人口细化分类识别的基础上，从培育内生动力和持续发展能力的角度考虑，因人因户施策予以帮扶。同时，要在制度层面不断增强保障能力，创新工作机制，健全政策支撑体系，落实具体工作，才能提高扶贫的针对性和有效性。

一、创新精准扶贫工作理念及发展思路

（一）培植和发展产业是增强内生动力的根本之策

目前，在宏观层面经济发展进入“新常态”，重视发展实体经济和实施更高质量的发展战略，倒逼产业创新推进结构调整升级。产业扶贫也应顺应这一发展变化带来的挑战和机遇，依托特色资源，差异化配置实体产业，增强贫困地区内生动力，助推通过发展生产脱贫一批。

首先，依托特色资源、科学规划、优质发展。真正意义上依托传统产业转型形成的结构升级并不明显，更多的产业结构调整由产业创新引发。贫困地区发展特色产业，也要在因地制宜的基础上，创新资源开发和产业规划。其次，避免产业发展同质化。在产业初创期，一些地方没有先期做市场调查，为求速度大干快上，造成了产业的同质化布局发展，增加了产业销售的市场风险，一旦遭遇风险，反而导致农户利益受损。因此，为避免同质化问题带来的潜在风险，必须依托禀赋条件，实施特色发展。再次，发展理念指导实践，兼顾生态环境保护。“绿水青山就是金山银山”，一些贫困地区拥有良好的生态资源，但是不能走上以破坏生态环境换取经济增长的老路，发展的经验反复印证了这一歧路造成的不可持续发展和事后补救付出的高昂生态修复成本。因此，因地制宜开发特色产业、发展乡村旅游产业，也要在科学评估环境承载力和避免造成坏境破坏的前提下规划实施。第四，产业发展效益精准惠民。国家将大量公共资源向贫困地区倾斜投入，目的是打下产业根基，增强贫困地区的内生发展动力。由于贫困村集体和贫困人口获取收益的意识和能力不足，往往出现富了企业、“垒大户”、贫困户仅得小头的目标偏差。因此，产业扶贫中，要将贫困村集体和贫困人口及其享有的公共资本组织起来，同其他市场主体和资本形成利益联结机制，以资本带动劳动力，投入产业生产之中，并在收益的分配环节实施倾斜分配机制，细化到村到户到人，增加贫困人口收入。

（二）实施绿色发展理念，推进生态文明制度体系建设

首先，将生态环境的物质资源转化为拥有经济价值的资本要素，需要创

新机制。在对贫困地区土地、林木等自然资源评估确权的基础上，通过资源的资产化，并赋权给贫困村和贫困人口，使其享有资产的收益权，助其增加财产性收入。农村土地“三权分置”改革，为贫困村集体和贫困人口通过资产收益扶贫获取收益创新了政策机制和提供了遵循。其次，推进农村集体林权制度改革，让改革红利惠及贫困人口。国家将生态公益林按林地面积配置到户到人，或将集体公益林收益向贫困人口实行二次分配，增加贫困人口的财产性收入和生态补偿收入。再次，在具有良好生态禀赋的自然生态保护区和贫困地区，国家为贫困人口提供公益岗位，让有能力的贫困人口担任护林员等，获得就业收入。此外，生态是最有价值的资本。创新机制保障生态环境，也就是保护贫困地区和贫困人口的生态资本。最严格的源头保护制度、最严格的损害赔偿制度、最严格的责任追究制度、自然资源资产化和生态补偿等这些制度的改革与创新，对于具有生态资源优势的贫困地区来说，形成了潜在的巨大政策红利。

（三）“一方水土养得起一方人”

首先，易地扶贫搬迁是一项系统工程，对于社区而言，涉及迁出区和安置区两地承载人口的整体生态环境、基础设施条件、就业形势的变化；对于贫困搬迁户而言，涉及发展意愿、能力、住房、家庭生产、生活等方方面面；从政策角度而言，可以说是“牵一发而动全身”，涉及钱、地、房、业等行业部门行使职能，涉及推进新型城镇化、贫困户转移就业和后续发展等复杂问题的衔接。其次，实施易地扶贫搬迁工程本身就要求做到精准扶贫。单就贫困户整体搬家而言，从贫困识别、搬迁意愿、搬迁方式、安置方式，到后续帮扶，每个环节都要求做到精准。也只有保证在精准识别的基础上实施精准搬迁，才能保证“搬得出、稳得住、有业可就”和稳定脱贫，否则，一旦贫困户在安置地难以维持基本生计，就会出现返乡现象，不仅达不到易地扶贫的效果，而且不利于社会稳定。再次，加强政府主导，将“两区同建”落实到位，搬迁片区建设到哪里，产业园区就跟进到哪里，适当引进社会资本对迁出区建设用地、耕地和山坡地进行统一规划，科学利用。

（四）“扶智”和“扶志”统筹兼顾

长远来看，教育扶贫是阻断贫困代际传递的根本措施。目前，国家已经出台形成了从学前教育、义务教育、高中阶段教育、职业教育到高等教育的教育扶贫支持体系。当前教育扶贫的短板在学前教育和高中教育两个教育阶段，国家需要相应加大支持力度，一些地区已经把高中阶段教育纳入义务教育政策支持范围，这既能增加贫困学生的教育年限，提高他们的知识水平，又为他们进入大学创造了条件。

另外，针对贫困户就业和生产发展所需要的技术技能培训需更加精准，以增强动手能力和切实能见实效为导向，解决当前存在的一些“学走形式、学而无获、学难见效”的问题。创新机制、多措并举，增强新型职业农民培育的有效性，造就高素质农业生产经营者队伍，强化人才对现代农业发展和新农村建设的支撑作用。

（五）社会保障兜底解决后顾之忧

首先，缺乏劳动能力的老年人、身体和精神上残疾的人口，难以依靠自身得到发展，因而不宜实施开发式扶贫，需要社会保障兜底。其次，从致贫原因看，因病致贫类型所占比重大，因病返贫现象普遍，需要加大健康扶贫力度，通过衔接基本医疗、大病保险和医疗救助政策，扩展补贴范围，加大特惠力度，减轻个人负担。再次，在政策机制上，探索扶贫开发与社会保障衔接机制，对贫困户给予有效的叠加支持。此外，在实际工作中，基层的识贫和资源分配工作是保证低保制度精准落地的关键，要使低保真正精准兜底贫困户，基层组织需要改善自身治理能力。

二、健全脱贫攻坚保障机制与支撑体系

（一）完善政策支持机制

1. 加大财政扶贫资金投入力度

发挥政府投入在精准扶贫中的主体和主导作用，积极开辟新的资金渠道，

确保资金精准使用。中央财政继续加大对贫困地区的转移支付力度，各地也需要根据本地脱贫攻坚需要，积极调整财政支出结构，加大扶贫资金投入。贫困县围绕本地突出问题，以扶贫规划为引领，以重点扶贫项目为平台，把专项扶贫资金、相关涉农资金和社会帮扶资金捆绑集中使用。

2. 创新金融扶贫到户机制和担保机制

鼓励和引导商业性、政策性、开发性、合作性等各类金融机构加大对扶贫开发的金融支持。国家开发银行和中国农业发展银行发行政策性金融债，按照微利和保本的原则发放长期贷款，支持扶贫工作。重点探索地方政府和金融机构在担保、保险和信贷等综合金融扶贫方面的合作模式，支持贫困地区设立政府出资的融资担保机构，开展扶贫担保业务。扩大农业保险覆盖面，通过中央财政“以奖代补”等支持贫困地区特色农产品保险发展。

（二）完善群众受益机制

1. 地方政府需重点探索和建立贫困户受益机制

由于导致贫困的因素是多方面而不是单一的，精准扶贫不仅需要采取综合性的扶持措施，而且也需要有长远的眼光，同时干预导致贫困的短期因素和长期因素。在产业发展和创收方面，一些产业扶持政策没有真正实现和贫困人口对接，因此，出现了真正贫困人口在扶贫开发中反而收益较少的状况。需要重点探索如何将贫困户纳入现代产业链中，解决贫困户经常面临的技术、资金、市场方面的困难，让他们能够从扶贫开发中真正受益。

2. 加强培育农民合作社和龙头企业，发挥其组织和带动作用，强化利益联结机制

首先，培育产业是促进贫困地区可持续发展的核心，贫困村集体和贫困户要同新型农业经营主体建立共同体关系，因地制宜打造本地产业。其次，在农村土地“三权分置”政策指导下，探索实施资产收益扶贫。在不改变用途的情况下，财政专项扶贫资金和其他涉农资金投入农业设施、养殖、光伏、水电、乡村旅游等项目形成的资产，具备条件的可折股量化给贫困村和贫困户，尤其是丧失劳动能力的贫困户，让贫困村和贫困户按股份获取分红。同时，要强化监督管理，明确资产运营方对财政资金形成资产的保值增值责任，

建立健全收益分配机制，确保资产收益及时回馈持股贫困户。最后，支持农民合作社和其他经营主体通过土地托管、牲畜托养和吸收农民土地经营权入股等方式，带动贫困户增收。

（三）创新政府职能，增强基层组织治理能力

在政府主导下实施扶贫开发，是中国特色扶贫开发道路的一大特点，创新政府职能和增强基层组织治理能力，是实施精准扶贫、精准脱贫基本方略的重要保障。扶贫事业源于政治责任和使命担当。首先，精准扶贫的对象是贫困户和贫困人口，这就决定了执行精准扶贫政策的直接主体是基层组织，基层组织勇担责任和保障有力是实现精准脱贫的重要条件。其次，创新扶贫机制和精准施策，是创新基层组织治理方式、提高治理能力和建设服务型政府的基本要求。再次，部分资金项目管理权限下放到县、分配到村，使得实施精准扶贫的直接主体，即基层政府和村级组织将获得更多的资源，拥有更多自由裁量的机会。这就需要基层政府改善自身治理能力和水平，在实际工作中提高减贫效益和质量。基层治理是与人民群众直接接触，使其有机会融入和参与的机制，只有夯实基层组织，改善村级治理，才能有效助力贫困村出列、贫困户脱贫。

三、完善驻村帮扶模式和基层治理机制

2020年是我国全面建成小康社会的决胜之年，精准扶贫也进入了收关阶段，但下一步“乡村振兴”的开展仍然离不开驻村帮扶这一我党基层治理的“利器”。通过对驻村干部嵌入贫困村治理的方式、举措、经验及不足之处的梳理和分析，今后有必要从以下几方面着手，进一步完善这一工作方式的相关机制，以更为充分地发挥驻村干部嵌入村庄治理机制在推进农村经济社会发展中的功效。

（一）加强农村基层组织工作，构建乡村治理新体系

驻村帮扶机制要适应乡村振兴战略背景下党委领导、政府负责、社会协

同、公众参与、法治保障的现代乡村社会治理体制的需求，将工作内容转向新时期乡村社会治理的重要方面。在基层党建方面，当前驻村帮扶工作中往往存在农村党员积极性低和村两委矛盾等困境。面对这些困境，为适应乡村振兴战略的需求，驻村帮扶机制在选派驻村干部时，应重视其胜任力和政治素养。驻村干部要运用自身的组织优势和政治优势创新组织设置和活动方式，提高农村党员的积极性，激发其内生动力，发挥其先锋模范作用，提高基层党组织的凝聚力、战斗力。在村民自治实践中，一方面驻村干部需要以协商者的工作角色，处理好村两委之间的关系。另一方面，应指导基层组织全面建立健全村务监督委员会，继续开展以村民小组或者自然村为基本单元的村民自治，大力培育服务性、公益性、互助性农村社会组织。

（二）通过驻村帮扶机制整合社会资源，提升农业发展质量

推动乡村振兴战略，提升农业发展质量，培育乡村发展新动能应作为工作重心。一是可以在制度设计层面强化帮扶单位的责任，从制度上保障驻村干部可以利用派出单位资源参与到乡村治理过程中；二是创造不同类帮扶单位联盟进行帮扶的模式，形成帮扶资源的整合与利用，推动乡村建设全面发展；三是鼓励驻村干部引入自身社会网络和公益组织资源到乡村现代农业建设中。

在提升农业发展质量的具体措施中，驻村干部需要根据国家质量兴农战略规划，致力于建设知识型、技能型、创新型农业经营者队伍，主动把乡村发展规划与国家乡村振兴战略结合起来，观察当地实际情况和潜在资源，大力发展数字农业、现代农业产业园、农业科技园，推行标准化生产，培育农产品品牌，打造一村一品新格局；组织村民参加乡村振兴创业训练营、农村电商训练营等，提高农民素质和参与创业的热情；同时通过政策和社会资源吸引各类市场主体创新发展基于互联网的新型农业产业模式；在乡村产业发展规划中，指导项目负责人延长产业链、提升价值链、完善利益链，通过保底分红、股份合作、利润返还等多种形式，让农民合理分享全产业链增值收益。

（三）提升驻村干部素质与能力，强化乡村振兴人才支撑

完善驻村干部选派机制，提高驻村干部的素质与能力对于乡村治理至关

重要。需要从选人用人的制度上进一步建立健全选拔、培训、管理、激励、考核、保障、评价等政策及落实，不断完善驻村帮扶常态化机制、融合资金资源机制、激励机制、考核机制等。如针对驻村干部政治素养低、只追求经济发展的问题，要在不断适应乡村振兴多方面发展的需求下建立多元的驻村干部绩效评价体制，建立健全对党建工作、文化教育方面的评价指标。同时，要在教育上增强驻村干部对农村工作的认知和重视，针对驻村干部提前进行有关乡村振兴政策和乡村治理的系统和周期性的培训，让其更好地了解农村发展规律，借鉴典型农村社区发展经验。

强化乡村振兴人才支撑是乡村振兴的重要要求，乡村振兴的战略背景下，在充分发挥驻村干部领导力水平的同时，也要重视实现农村人才的内生性供给。驻村干部在乡村治理过程中应重视制度和文化建设，从大力培育新型职业农民，加强农村专业人才队伍建设，发挥科技人才支撑作用，吸引支持企业家、党政干部、专家学者、技能人才，创新乡村人才等培育引进使用机制五个方面强化乡村振兴人才支撑，利用帮扶单位优势资源建立城乡、区域、校地之间的人才培养合作与交流机制，联合各个区域力量和社会资源组织乡村振兴创业训练营等培训机制为乡村提供内生性人才。

（四）建立长效、科学驻村帮扶机制，夯实乡村振兴制度基础

实现乡村振兴战略，强化制度性供给格外重要。建立长效化、科学化的驻村帮扶机制，从国家顶层设计、地方政府行为、乡村政权建设和基层社会四个方面推动干部驻村工作机制进行创新和完善是夯实乡村振兴制度基础的重要一步。在驻村干部选派过程前，应在考察帮扶村工作性质难易程度的基础上赋予驻村干部相应的权力，同时赋予驻村干部在项目申请、资金使用和资源调配方面进行适当干预和调整的权力，以贴合当地的实际情况，使得驻村干部的权力与责任可以相匹配，激发其农村工作的动力；在帮扶资源方面，建立省级层面的驻村帮扶专项资金，各级地方政府配套，帮扶单位要为驻村干部持续地提供智力、项目、物质层面的帮扶资源，促进驻村帮扶资源供给的制度化，为驻村干部解决乡村治理问题提供物质保障，为乡村振兴建设引入资本力量；在驻村帮扶工作制度设计中加强对乡镇干部权力的制约和对村干部的监督，防止乡、村干部联合把驻村干部排斥在乡村治理结构外，为驻村干部充分参与到乡村治理过程中提供制度保障，发挥其主动性和能动性；同时根据乡村振兴战略中农村发展多方面的指标和要求，改革驻村帮扶工作的绩效评估体系，建立长期化、规范化的绩效评价标准，激发驻村干部工作积极性。

总之，在各地的脱贫实践中，驻村帮扶制度以长期化、制度化、规范化的特点，发挥着不可替代的作用。长期以来，驻村帮扶对农村基层党组织建设起着极大地推动作用，而农村党建作为农村工作之首，也将对农村经济发展、脱贫攻坚任务、乡村治理水平等方面产生积极作用。在农村发展新阶段的时代背景下，建立干部驻村的长效工作机制将有力推动乡村振兴战略的施行。

四、稳步推进乡村振兴战略，巩固精准扶贫成果

随着党的十九大报告中乡村振兴战略的提出，尤其是 2018 年 2 月 4 日，中共中央、国务院发布中央一号文件《中共中央国务院关于实施乡村振兴战略的意见》后，乡村振兴成为新时代承接精准扶贫，推进包括贫困落后乡村在内的全部农村地区跨越式发展的基本战略遵循。一直以来，我国始终以消除农村的绝对贫困人口为主要目标。物质文化方面，根据人们的进一步要求，通过加大投入力度，提升政府在解决民生问题当中的主动权，引领人们走上共同富裕之路。人们除了对物质文化方面提出了更高需求以外，在生活的其他领域也同样提出了新要求，例如平等法治的社会环境及健康文化等方面的更高层次的追求，这同时也是对脱贫提出的新要求。所以未来很长一段时间内，要从多角度多层次以更高的质量实现脱贫。

2020 年 3 月 6 日，习近平总书记在《在决战决胜脱贫攻坚座谈会上的讲话》中明确提出“动员全党全国全社会力量，以更大决心、更强力度推进脱贫攻坚，确保取得最后胜利”。但脱贫攻坚的完成并不意味着精准扶贫的结束，在未来很长一段时间内，要从多角度入手，通过乡村振兴策略的实施，巩固精准脱贫的成果。要统筹建立长效机制，实施相关战略，保证以往的贫困人口在达到脱贫目标后不再返贫。通过多方面的共同努力，在民生各个领

域真正让贫困人口脱离贫困状态，达到共同富裕的目标。

（一）解决人与就业、土地之间的矛盾

在我国农村，人口与就业还有土地之间的矛盾始终是最主要的矛盾之一。农村闲置人口的就业问题，一直受到多方面的重视，各地政府也推出相关的就业机制，改善农村的就业结构。在未来一段时期，仍然要加大力度，改善农村的就业环境，提升农业人口就业率。尤其是土地较少和没有使用土地的人口，要充分实现其就业。努力增加农民收入，并且从多角度改善农民的收入结构，改善农民仅是依靠土地收入的生活常态。在拥有土地的农村人口中，在农闲时期，季节性的就业工作作为其补充家庭收入的一种方式。

对于拥有土地使用权的农民，国家和政府可以从各个角度加大对其补贴的力度，尤其是一些农业大省，增加补贴的同时，让农民得到实惠，提升收入。并且有条件的省份可以引进相关专家，以科学的角度指导农民，提高土地的使用率，提高农作物的产量。引进经济型作物，让农民的收入得到保障，平衡好土地和农村人口之间的关系。

（二）提升农村人口的素质及生活质量

在人们以往的意识当中，似乎从事农业生产的人口大部分未能拥有高学历。在未来一段时间，应该提高农业现代化的程度，鼓励拥有高学历的人才到农村去，同时鼓励大学生及技术工人回乡创业或者参与农业生产，提高农村人口的整体水平。同时在农村开展文艺活动，丰富人们的日常生活，这对于提高农村人口的精神生活质量有重要的意义。在精准扶贫的同时也要精准扫除农村的文盲，尤其是对于新一代成长起来的农业人口来说，更要拥有高素质和高学历。

在精准扶贫的过程当中，提升农村人口的生活质量，也是一个重点方向。提升生活质量，要从衣食住行、教育等各个方面进行改善。引入各种保障机制，并且通过简政放权，简化办事流程，让农村人口在发生相应问题的时候，能够快速得到保障，实现社会医疗保障的全面覆盖，避免发生因病返贫的情况。在受教育方面，鼓励有知识技术的年轻人到农村去支教，提高受教育人

口的素质，还要提升乡村教师的待遇，提高其工作的积极性。

同时，各村镇要依据自身实际情况，开展相关的主题娱乐活动，丰富农民的业余生活，提高农村人口的生活质量及文化质量。

（三）进一步缩小城乡差距

由于历史发展的原因，我国城乡差距一直都存在，在某种程度上打击了农民生产的积极性。在未来一段时间内，在振兴乡村巩固精准扶贫成果的道路上，需要进一步缩小城乡差距，努力改善农民生活，让农村与城市接轨，与高科技接轨。从生活当中的各个方面让农村与城市一样，享有各种保障机制及质量水平。从各种教育资源、医疗资源、就业资源上，提升农业人口的竞争力。

（四）进一步改善生态宜居环境

打造宜居型农业社区，是未来的一个大的发展方向。从村容村貌上改善农村人口的居住环境，注重在农业生产的过程当中，对环境的保护。以退耕还林退耕还草的方式，在提高农业产量的同时，不以破坏生态环境为代价，建立科学的、可持续发展的农业状态。建设山清水秀的宜居生活环境，鼓励有条件的村镇发展旅游业，进行适当地开发。本着开发与保护相结合的原则，增加第三产业收入，改善农民的就业结构。

随着精准扶贫战略的持续推进，全国范围内的精准扶贫任务将在 2020 年全部完成，人们的生活水平已经得到显著提高，下一步将实现农村与城镇的差距缩小化。以高科技和宜居生态农业改善农村人口的收入结构，同时丰富精神文化生活，提高农村人口的医疗就业受教育等保障机制。在振兴乡村的策略当中，进一步巩固精准扶贫的成果。

（五）以驻村帮扶保障贫困治理可持续

乡村全面振兴，非短期所能成就，仍需外力推动。如何协同乡村振兴政策体系的落地和落实，如何在扶贫脱贫中促进基层治理主体实现农业农村现代化能力的提升，如何促进农民主体性发挥，提高脱贫致富中的参与度和受益面，确保稳定增收、安居乐业，等等，都是包括驻村干部在内的基层治理主体面临的难题。无论谁到农村都要既遵循农村发展的规律，又要不断完善帮扶制度。驻村扶贫有其逻辑基础、实践经验，也有其用武之地。要把脱贫攻坚同实施乡村振兴战略有机结合，干部驻村机制是重要载体之一。

干部驻村帮扶机制要在汲取我国驻村帮扶经验的基础上，根据精准扶贫基本方略，特别是“因村派人精准”的要求，实现“主体、供体、载体”三位一体均衡协同的可持续减贫与发展的效果再精准。可持续性减贫（发展）视角的研究成果，有利于弥补运动式治理弊端，完善驻村长效机制，为处理好实施乡村振兴战略与打好精准脱贫攻坚战的关系提供路径和方法参考。干部驻村帮扶既要促进贫困主体（需体）在机会、技能、利益等方面的可持续性提高，供体在资源、项目、信息等方面的可持续性供应，也要促进载体在市场、生态、社会等方面的可持续性供给。干部驻村帮扶在未来的道路上，要更加注重协同培养基层治理的内生动力，实现贫困治理的可持续性。

“不忘初心、牢记使命”是新时代共产党人的铸魂工程，初心和使命彰显了中国共产党人不懈奋斗的价值取向。广大驻村干部始终保持只争朝夕、奋发有为的奋斗姿态和越是艰险越向前的斗争精神，努力创造经得起实践、人民、历史检验的实绩。不忘驻村帮扶初心，牢记全面小康使命，继续深入研究和开展驻村帮扶工作，为实现我党以治理有效为基础、以生态宜居为关键、以产业兴旺为重点、以乡风文明为保障、以生活富裕为最终目标的五位一体“乡村振兴”战略保驾护航。

参 考 文 献

[1] 郭利华. 金融扶贫：理论、政策与实践 [M]. 北京：知识产权出版社，2018.

[2] 范小建. 中国特色扶贫开发的基本经验 [J]. 求是，2007（23）：48-49.

[3] 张磊. 中国扶贫开发政策演变（1949—2005 年）[M]. 北京：中国财政经济出版社，2007.

[4] 王朝明. 中国农村 30 年开发式扶贫：政策实践与理论反思 [J]. 贵州财经学院学报，2008(4)：78-84.

[5] 周彬彬，高鸿宾. 对贫困的研究和反贫困实践的总结 [A]. 中国扶贫论文精粹 [C]，2001.

[6] 李小云. 我国农村扶贫战略实施的治理问题 [J]. 贵州社会科学，2013：101-106.

[7] 中国发展研究基金会. 在发展中消除贫困：中国发展报告 2007[M]. 北京：中国发展出版社，2007.

[8] 张琦，冯丹萌. 我国减贫实践探索及其理论创新：1978—2016 年 [J]. 改革，2016(4)：27-42.

[8] 汪三贵. 在发展中战胜贫困：对中国 30 年大规模减贫经验的总结与评价 [J]. 管理世界，2008(11)：78-88.

[9] 汪三贵. 当代中国扶贫 [M]. 北京：中国人民大学出版社，2019.

[10] 习近平的“扶贫观”：因地制宜“真扶贫，扶真贫”[EB/OL].（2014-10-17）[2020-07-10] 人民网. http：//news.china.com.cn/2014-10/17/content_33797242.htm.

[11] 郭玮. 坚决打赢脱贫攻坚战 [M]. 北京：中国言实出版社，2016.

[12] 汪三贵，郭子豪. 论中国的精准扶贫 [J]. 贵州社会科学，2015(5)：147-150.

[13] 中国人民大学反贫困问题研究中心. 全国扶贫开发建档立卡数据分析研究报告 [R]. 2015.

[14] 发改委解读：生态保护补偿助力精准脱贫 [EB/OL].（2016-05-25）[2016-06-18] 中国政府网. http：//www.gov.cn/zhengce/2016-05/25/content_5076622.htm.

[15] 郭文辉. 浅谈精准扶贫下的驻村帮扶 [J]. 才智，2019(22)：205.

[16] 高满良. 精准扶贫背景下驻村扶贫工作队的建设路径研究 [J]. 农村经济与科技，2016(6)：213-214.

[17] 习近平. 全面建成小康社会夺取新时代中国特色社会主义伟大胜利——在中国共产党第十九次全国代表大会上的报告 [EB/OL].（2017-10-27）[2020-06-04] 新华网. http：//www.xinhuanet.com//politics/19cpcnc/2017-10/27/c_1121867529.htm.

[18] 习近平. 在深度贫困地区脱贫攻坚座谈会上的讲话 [N]. 人民日报，2017-09-01（1）.

[19] 新华社. 第三届河北省旅游产业发展大会开幕 [EB/OL].（2018-07-19）[2020-06-20].新华网. http：//www.xinhuanet.com//city/2018-07/19/c_129916531.htm.

[20] 河北日报. 关于做好易地扶贫搬迁有关工作的意见印发 [EB/OL].（2019-01-23）[2020-07-10] 河北基层宣传网. http：//hbjcxc.hebei.com.cn/system/2019/01/23/011828816.shtml.

[21] 习近平. 在深化党和国家机构改革总结会议上的讲话 [EB/OL].（2019-07-05）[2020-07-10] 新 华 网. http：//www.xinhuanet.com/politics/leaders/2019-07/05/c_1124716521.htm.

[22] 张世佳. 脱贫攻坚阶段魏县精准扶贫问题研究 [D]. 秦皇岛：燕山大学，2018.

[23] 申英利. 全面建成小康社会背景下河北省魏县精准扶贫研究 [D]. 石家庄：河北科技大学，2018.

[24] 黄承伟，覃志敏．我国农村贫困治理体系演进与精准扶贫 [J]．开发研究，2015(2)：56-59.

[25] 蒋永甫，莫荣妹．干部下乡、精准扶贫与农业产业化发展——基于“第一书记产业联盟”的案例分析 [J]．贵州社会科学，2016(5)：162-168.

[26] 王丹莉，武力．外生力量、资源动员与乡村公共品供给方式的再探索——以西藏六地一市干部驻村为个案的研究 [J]．开发研究，2015(6)：33-37.

[27] 杨芳．驻村“第一书记”与村庄治理变革 [J]．学习论坛，2016(32)：52-55.

[28] 谢小芹．“接点治理”：贫困研究中的一个新视野——基于广西圆村“第一书记”扶贫制度的基层实践 [J]．公共管理学报，2016(13)：12-22.

[29] 覃志敏，岑家峰．精准扶贫视域下干部驻村帮扶的减贫逻辑——以桂南 s 村的驻村帮扶实践为例 [J]．贵州社会科学，2017（1）：163-168.

[30] 贾姝宁．乡村振兴战略视角下“第一书记”引导乡村治理新模式 [J]．改革与开放，2018(2)：80-81.

[31] 许汉泽，李小云．精准扶贫背景下驻村机制的实践困境及其后果——以豫中 J 县驻村“第一书记”扶贫为例 [J]．江西财经大学学报，2017(3)：82-89.

[32] 张义祯．嵌入治理：下派驻村干部工作机制研究——以福建省为例 [J]．中共福建省委党校学报，2015(12)：36-43.

[33] 汪三贵，郭子豪．论中国的精准扶贫 [J]．贵州社会科学，2015(5)：147-150.

[34] 莫光辉．精准扶贫：中国扶贫开发模式的内生变革与治理突破 [J]．中国特色社会主义研究，2016(2)：73-78.

[35] 王晓毅．精准扶贫与驻村帮扶 [J]．国家行政学院学报，2016(2)：73-77.

[36] 高莉娟．乡村振兴背景下干部驻村精准扶贫研究述评与展望 [J]．地方治理研究，2018(2)：66-80.

[37] 丁建军，游俊，冷志明．在乡村振兴中持久巩固精准脱贫成果 [J]．中国扶贫，2017(21)：50-53.

[38] 沈鹏超，徐琳，石朝霞．创新农业发展体系 打造乡村旅游集聚区 [J]．智富时代，2017(1)：133-134.